これからの 社長夫人は会社経営のプロになれ!

日本で唯一の社長夫人育成コンサルタント
矢野千寿
［著］

アーク出版

まえがき――使命感と意思があれば道は開ける

社長夫人の皆さん、経営陣のひとりとしてもっと会社の経営に関わりましょう。あなたが自分自身を変えれば、必ず、社長が変わり、会社もよい方向に変わります。

そのための道筋を示すのが、この本のテーマです。

新しくスタートを切る段になって、「私にここまでできるかしら」「社長の期待に応えられるだろうか」と不安に陥る社長夫人は多いでしょう。

社長のパートナーとして会社に関わることは、それなりの責任が伴います。自分たちの生活だけでなく、社員の生活も左右するのが会社経営というものです。ことの重大さに気づくと尻込みしたくなるのも無理のない話です。

不安が「自分の能力」についてであれば心配はありません。大勢の社長夫人を見てきて、私は「社長夫人は無限の潜在能力を持っている」と確信しています。

ある社長夫人は、経理をコツコツ学んで、わずか一年半で決算書を自分で作成できるようになりました。

ある社長夫人は、自分の手で、主婦で構成される外販グループを実力のある部隊として育て上げました。

ある社長夫人は、専門知識を身につけて税理士と対等に話ができるほどに成長しました。ある社長夫人は、社長から新規の事業を任されるほど力をつけました。ある社長夫人は、夫（社長）と死別したあと会社を引き継いで、数年で売上げを10倍に伸ばしました。

このような社長夫人は何人もいます。

やれば、できるのです。その原動力になるのが何かと言えば、「社長を助けよう」「社長の役に立ちたい」という意思です。さらに広げれば、「社員のために自分が何かをしたい」という思いです。このような意思、思いを強く持っていれば、道は開けます。

「社長の役に立ちたい」という意思があれば、そこから「では、何をするか」という模索が始まり、「これだ」というものが見つかったら、骨身を惜しまず取り組むのです。

「社長の役に立ちたい」「社員の役に立ちたい」という思いを掘り下げていくと、「人の役に立ちたい」「社会の役に立ちたい」ということになります。これは、私自身の理念でもあります。

私は平成3年（1991）年、50歳直前に、勤めていた会計事務所を辞めるかどうか悩んでいました。「人の役に立つ生き方をしたい」という思いだけは強かったのですが、何をしていいか、どうしたらいいかわからずに悶々としていました。そんなときに、ある方の「社会への

役立ち」という理念に出会い、

「社会への役立ちを思った人間は、必ず社会から求められる」

という文章に触れました。この一節を何十回繰り返し読んだことでしょう。もし私の「社会への役立ち」の思いが本物なら、社会から必要とされるだろう。必要とされないのなら、私の思いが本物ではないのだ。そう考え、そう信じて、失業を覚悟で退職、独立したのです。

そうしたら、幸いなことに、いくつかの会社が私を顧問として迎えてくれました。失業せずにすんだのですが、そのことより、私が社会から求められたことがうれしかった。思わず声を出して喜んだくらいです。

「社長の役に立ちたい」という思いが本物であれば、きっと社長から求められるような存在になります。それを信じて進んでいっていただきたいと思います。

社長夫人が持っている潜在的な力を引き出せるかどうかは社長の意識が鍵を握っています。「女性にはほんとうの仕事は無理」「うちの女房はなにもわかっていない」などという言葉を社長から聞くことがよくあります。頭からそう考えている社長も多いようです。これでは、社長夫人に眠っている可能性を見つけることはできません。磨けば輝く人材がすぐ横にいることに気づかないのです。私は、社長に、「あなたの奥様を見直してください。奥様は、もっとっと光るものを持っていることに気づいてください」と呼びかけたいと思います。

私は無限の可能性を秘めている社長夫人を戦力にするために平成14年に福岡で「社長夫人革新講座・基礎編」を開講しました。いまでは入門編・実践編も整い、多くの社長夫人に正しい価値観と経営管理能力を身につけていただいています。

「革新講座」の根底には、「社長夫妻が価値観を共有し、最後は良かったねと言える人生を歩んでもらいたい」という願いがあります。私が歩んできた人生で、心の底からこのことが一番大事だと実感します。社長夫人は、社長と人生のみではなく、経営においても最高のパートナーとなりうるのです。

＊　＊　＊

「役に立ちたいと思っていても、どうしてよいのかわからない」「意見を言っても聞いてもらえない」など全国の社長夫人からたくさんの相談が寄せられます。でも、大丈夫です。心配いりません。社長夫人の潜在能力の偉大さは、私が一番知っています。今日から『社長夫人が変われば会社が変わる』――この事実を信じて行動してください。

私の信条は「一業に徹し、一隅を照らす」です。この本が社長夫人の育成に少しでもお役に立てば幸いです。

平成17年6月

矢野　千寿

これからの社長夫人は会社経営のプロになれ！――もくじ

2章 社長と社長夫人の二人三脚が会社を伸ばす

5章　こんな業務改善が強靭な会社をつくる

6章 社長夫人流の人材育成が会社を支える 195

コラム――ガンバる社長夫人

装幀・本文デザイン／石田嘉弘（アーク・ビジュアル・ワークス）
本文イラスト／盛本康成

プロローグ
会社成長の鍵は社長夫人の革新にあり

——社長はもがくような思いで仕事をしている

「売上減少が止まらない。どうしていいかわからない」

「ずっと会社を続けていけるか不安がいっぱいだ」

中小企業の社長の切実な声をよく耳にします。

日本の中小企業は全国で約460万社、全企業の99％以上を占めます。日本経済を支えているのは中小企業なのです。中小企業は日本経済の根幹です。

ところが、この20年ほど中小企業は、きわめて苦しい状態が続いています。毎年1万5000～2万件にのぼる中小企業が倒産しているのです。

たとえば、私がお手伝いさせていただいている建設会社は、累積2億1000万円の赤字を出しています。借入金は6億円に達しています。社長はもがくような思いで仕事をしています。

このような例を見聞きするにつけ、「この落ち込みの中で、中小企業の社長の皆さんは、よくここまで、誰の指導も受けずに生き延びているなあ」

という感想を持たざるを得ません。

社長の皆さんは、とても頑張っておられる。頭が下がる思いです。その頑張りをなんとか実りあるものにしたい、それにはどうしたらいいか、それをご一緒に考えていきたいと思います。

ナンバー2の不在が業績低迷の原因

中小企業が低迷している原因は、いくつもあります。不況や政治の無策、消費者の多様化や業界内の競争激化もあげられます。いずれも業績の足を引っ張る要因ですが、これらはすべて会社外部の要因です。しかし私は、真の原因は会社の内部にあると考えます。

まずは社長の心の持ちようです。

中小企業の社長は、ほとんどがワンマンです。経営は自分の経験と勘が頼りです。業績が順調なうちはそのやり方で良かったのでしょうが、低迷が続いてもそのやり方を変えようとしません。

考え方を変えてください。「自分が間違っていたから、その結果としていまの低迷がある」

と考えましょう。

心からそう思えれば、会社の現状を受け入れることができます。どんなに赤字であろうと、借金が多かろうと、目をそむけずに事実を認めることができます。それが、低迷の原因分析、対策の立案と実行、さらには会社の再生、活性化に向けての出発点となります。

会社内部の要因の2番めはナンバー2の不在です。

社長が自分の過去の過ちを認め、それをプラスに転じるには一人では荷が重すぎます。悩みや苦しみ、後悔といった精神的な負担に耐えながら、過去の経営を見直し改善していくという作業を行なうには、社長を支える人材（ナンバー2）が必要です。

中小企業には、そのようなナンバー2がなかなかいません。社長がその必要性を感じなかったのか、育てようと思ったのに失敗したのか、その理由はともかく、ナンバー2がいない会社がほとんどです。

いまからでも遅くはありません。ナンバー2の育成に取り組みましょう。遠回りに思われるかもしれませんが、それが低迷を脱する早道です。私は、そう確信しています。

「外から優秀な人材を入れてナンバー2になってもらう」といった考えでは失敗します。経営手腕が優れているだけではダメなのです。社長の夢や理念を共有できることがナンバー2の絶対条件です。それは一朝一夕にはできません。

「外から入れる」ではなく、「社内で育てる」のです。

ナンバー2として大きな可能性を持つ人材は、社長のすぐそばにいます。――そう、社長の奥様、社長夫人です。社長夫人こそ、ナンバー2になり得る条件をもっとも備えている人間なのです。

多くの社長夫人は、なんらかの形で会社に関わっています。会社でも社長のすぐ近くにいて、多少なりとも社長の手伝いをしています。

もちろん、いまのままではナンバー2にはほど遠い存在でしょう。ナンバー2になるには、ビジネスパートナーとして意識改革を図ること、実務能力の向上も必要です。私に言わせれば、これは「社長夫人の革新」です。

社長にも社長夫人にも努力と覚悟が必要です。会社では「夫・妻」意識を捨て、社長は経営陣の一人として社長夫人を遇し、社長夫人はそれにふさわしい仕事をする。そのために社長夫人には勉強が必要ですし、社長は社長夫人が勉強できるような環境を整えてあげなくてはいけません。

――中小企業だからこそ社長夫人が起爆剤になる

中小企業は、ダイナミックかつスピーディな企業変革ができる可能性を持っています。〝所帯〟が小さくまとまっているうえに、トップダウンが通りやすいからです。

中小企業の変革を、私は「底上げ」と呼んでいます。会社の根っことなる部分を正し、整備することで、会社としての体質を強化し、それによって会社の再生と発展を図る、ということです。

底上げに必要な条件は４つあります。

1. 経営者が正しい理念を持ち、ビジョンが明確であること
2. 戦略を共に遂行し、成果を上げてくれる人材を持つこと
3. 生産性を高めるための制度や管理の仕組みを作ること
4. 財務体質を強くするために、計数管理にもとづいた経営に転換すること

これら条件をしっかり整えることによって、中小企業の底上げが可能になります。

４つの条件のうち「１」は社長自身の課題です。「２」が社長夫人の革新にあたります。「３」は主に社長夫人が担い、「４」は社長が担い社長夫人が補佐します。

こうした役割分担をしながら二人三脚で、本気で「底上げ」に取り組みましょう。いま苦しくても、必ず活路は拓けます。

社長夫人の意識が変わって、自分の役割と使命が明確になり、それを実行する方法も明らかになると、社長夫人の表情や雰囲気はがらりと変わります。生き生きとして明るい印象になり、

しっかり芯を持ちながらも穏やかに人に接するようになります。ナンバー2としての実績を積むほどに、ますます輝いて見えるようになります。心の変化が外面に現れるのです。

社長夫人がきれいになると、会社は目に見えて変わります。

社長夫人が力をつければ社長の負担は軽くなり、息が合った協力体制ができあがります。社内の雰囲気もよくなります。いろいろな面で好循環が起こるのです。

私は、「中小企業の底上げ」というテーマに取り組んで20年になります。底上げにはかなりのエネルギーと時間を要しますが、「何が何でも会社を変える！」という覚悟を持って取り組めば、必ず結果が出ます。会社の体質が強くなります。即効性はないけれど、付け焼き刃ではない本物の力がつきます。

底上げは地味で地道な作業です。だからこそ、社長夫人が重要な戦力になります。社長夫人の活躍の場があります。社長夫人がきれいになっていくかどうか、それが底上げ成功のバロメーターと言えます。

1章

社長夫人は最高のビジネスパートナー

社長夫人はビジネスでもパートナーとなれる！

――ビジネスに無知では社長の悩みに気づかない

社長と社長夫人は夫婦です。縁があって結婚し協力して一つの家庭を営んできました。お互いに気心は知れています。相手の性格も人間性も、良いところも悪いところもよくわかっています。これからも、よりよい人生、より幸せな人生を模索し築いていく二人です。もっとも信頼できる人生の伴侶です。

けれども、会社経営、ビジネスという面では、社長が一人で重荷を背負っています。会社が厳しくなれば一身に重圧がかかります。自分の家族ばかりでなく、社員の生活を守る責任もあります。だからといって社員に愚痴をこぼすことはできません。親身になって相談できる社員もいない。家に帰れば癒されるかというと、そうもいかない。妻では話にならない。ビジネスに無知で関心もない相手では、悩みも苦労も本当のところはわかってもらえないからです。愚痴を言ってばかりでは妻も嫌がるだろうし、夫婦仲を悪くすることにもなりかねない。経営者というのは、常に毅然としていなければならないだけに、半面、とても孤独な存在です。

そのような社長を助け支えることができるのは妻である、社長夫人です。

社長夫人が会社経営のことを学び、その大変さを知り、社長の相談相手になれば、それだけで社長はどんなに心強いことでしょう。まして、社長夫人が会社経営の一端を担うことができれば、社長は自分の守備範囲に専念し会社発展の体制が整います。

社長と社長夫人は同じリスクを負っています。会社の業績が直接に自分たちの生活に影響します。業績悪化や倒産は家庭の崩壊につながりかねません。同じリスクを負っている人間として、社長夫人が会社や社長を見捨てるようなことはできないし、裏切ることもありません。心から信頼できる同志として会社経営をともに担うことができます。

――「取締役社長夫人」になってはいけない!

社長夫人という立場、社長夫人という存在は、ある意味で特殊です。社長夫人の皆さんは、そのことに気づいているでしょうか。

たとえば、社長夫人は役職が何であろうと、たいした仕事をしていなくても、週一回しか会社に出なくても、社長夫人というだけで社員にとっては特別な存在です。ある種の権限を持ち、影響力を行使できる立場です。そういう存在なのです。社員にとって社長夫人の命令や指示は重いものですし、たまたま会社に出てきて言われたことには「はい、わかりました」と答えざるを得ない。社長夫人がそう思っていなくても、社員はそう見ています。

役職はなくても取締役のような力を持っていることから、私は冗談半分で「取締役社長夫人」と言ったりします。ろくに仕事もしないで権限を振り回すだけの社長夫人になってはいけません、という警告を込めての言葉です。社長夫人ということだけで、それだけの権限を持っている。そのことを肝に銘じておくべきだと思います。

その点では自戒が必要ですが、その半面、社長夫人という立場・存在は、それだけで活かし甲斐のある優位な面を持っていることも事実です。

たとえば、会社の経営に関わるという希有なチャンスを持っていることです。仕事のキャリアや能力に関係なく、会社の経営に間近な位置にいます。その気になれば社長の右腕として力を発揮し、会社を発展させて豊かな人生を手に入れることができます。ここで言う「豊かさ」とは経済的な豊かさはもとより、会社経営という貴重な体験が与えてくれる多くの学びと高い社会性、人間としての成長のことを指します。

会社の事業を介して、社会に貢献することもできます。経営に参加して、社員よりダイレクトに社会に貢献でき、しかもそのことを実感できます。

熾烈なビジネスの場で、会社を支え業績を伸ばすことができれば、他では味わえないような達成感、充実感を得られることでしょう。「社長夫人の成長が、社長を変え、会社を変える」は、いまや中小企業が生き残るための重要なテーマであり、急務の課題です。苦労も大きい代わりに、得られるものも大きい。それが社長のビジネスパートナーの醍醐味です。

──万が一社長が倒れたとき第一の事業継承者

あまり考えたくないことですが、万が一ということがあります。社長が病気で倒れたり、亡くなった場合です。

夫が倒れたとき、夫が会社勤めをしている家庭と社長夫人とでは大きな違いがあります。そのあとの人生も違います。

夫がサラリーマンの場合、夫も妻も、夫の死後の人生をどうするかは考えていないものです。その後の人生のレールを敷いていない。準備も心構えもできていないものです。私もサラリーマンの夫を亡くすという体験をしていますが、残された妻は、その後の人生を自分で探し、切り開いて行かなくてはなりません。日々の糧を得る算段から始めなくてはならない。途方に暮れても不思議ではありません。

社長夫人の場合は、会社があります。夫の事業を継承するというレールができています。その道を行くかどうかは別にしても、選択の余地がある。それだけ恵まれていると言えますが、その一方で、社長夫人であるがゆえの大変さ、責任ものしかかってきます。

社長が急死した会社があります。社長はワンマンだったので後継者が育っていない。社長夫人は専業主婦で、会社がらみでしてきたことといえば、メーカーの人を手料理で接待する程度でした。社長の死でメーカーが全部、取引きを止めてしまったのですが、事情がわからずまごまごしているうちにテレビ局の車が会社に横付けになる。社長夫人は、それで初めて、会社の倒産を知ったと言います。悲惨なのは、社長夫人と子どもに何十億円という相続税がかかってきたことです。相続をしない方法があることを知らずにいたのです。

ある土木会社の社長は、急性脳髄膜炎で52歳の若さで急逝しました。倒れてから息を引き取るまでわずか数時間だったそうです。私は講座の中で、「万が一社長が病気で倒れたり、死に至った場合の第一の事業継承者は社長夫人であり、次の後継者が育つまでがんばり続けなければならない」と言っています。社長の突然の死に直面した社長夫人は、とっさに、この言葉を思い出して、自分が社長になって事業を継ぐと決心し、周囲に根回しをして葬儀の席でそのことを発表したそうです。これにより、この会社は社長の急死という危機を乗り越え事業を続けています。

当時、この社長夫人は秘書的な存在でしたが、一気に経営者という重責を担うことになったのです。

「社長になって、先代社長がどんなに頑張っていたか、社長という責任の重さや苦労がどんなものか初めてわかりました。もっと早く気づいて積極的に協力しておけばよかった。まさか夫（社長）が急逝するとは予測もしていなかった」

と涙を流して話してくれました。

——「社長夫人の宿命」を受け入れる覚悟を持つ

社長が倒れると、否応なく、このような事態が社長夫人を襲います。さしあたりの心配は会社の経営悪化や倒産です。家族の生活が脅かされます。それ以外に先ほどの例のように相続税の問題があります。

中小企業では、社長夫人が社長の借金の保証人になっているケースが多いようです。社長としては、自分が倒れることなど想定していませんし、会社が上向けば返済可能と踏んで、「たいしたことではない」と気軽に社長夫人を保証人にする。「女房なのだから、夫の借金を保証するのは当たり前」「心配ない。俺を信用しろ」といった思いもあるでしょう。けれども、もし社長が亡くなった場合、借金は社長夫人の肩に掛かってきます。生活資金に対する不安のうえに借金返済まで加わっては進退窮まります。

社長夫人は、一歩間違えば、このような負の可能性を持った立場であり、存在なのです。そういうことも含めて、私はこれを「社長夫人の宿命」と考えます。宿命とは、「生まれる前から決まっているその人の運命」です。

「皆さんは、社長夫人という宿命を持って生まれてきているのです。そのような立場になるべくしてなったのです。そのことに気づいてください」——。

社長夫人向けの講座で、私は、よくそのように話しかけます。

社長夫人という立場を否定したり、そこから逃げ出そうとするのではなく、宿命として受け入れること。そこに覚悟が生まれます。覚悟ができると、宿命の中に使命が見えてきます。社長夫人としての使命が明らかになります。

「人はみな生まれ出るときに、何らかの使命を与えられている」と言われます。しかし、自分の使命に気づかないまま一生を終える人、自分の使命を生涯探し求めて生きる人、自分の使命を知り、それを果たしながら生きる人など様々です。

社長夫人には明らかな使命があります。社長を助けることです。会社を発展させ、それによって社員の生活を守り、社会に役立つことです。そのことに気づけば、心を傾けて使命を全うすればよいのです。

「あとから来るもののために、苦労をするのだ。我慢をするのだ。(中略)あとからあとから続いてくる、あの可愛い者たちのために、未来を受け継ぐ者たちのために、みな夫々自分で出来る何かをしてゆくのだ」

これは、私が敬愛する詩人、坂村真民さんの言葉です。

今は、子どもが必ずしも事業を継承する時代ではありません。まずは、子供が継承したくなる会社を社長とともに築くことが大切ではないでしょうか。

社長を尊敬し、経営理念を共有する

――社長の怒り、嘆きの裏にある〝思い〟を受け止める

社長夫人が、社長のビジネスパートナーになるための第一歩は、社長の悩みや嘆き、怒りなどを受け止めることです。社長（としての夫）をより深く理解することは、社長の思いを共有し、同じ目線で会社経営に当たることにつながります。

一般に、社長は、自分の思いを口にすることは少ないものです。会社経営に関することだとなおさらでしょう。悩みや嘆きとなると、よりいっそう口が重くなります。

社長夫人の皆さんは、社長がどんなことで悩んでいるか、どんなことを嘆いているかご存じですか。私は、いろいろな会社の社長とおつき合いがあるので、ある程度は知っています。ちょっと、あげてみましょう。

「売上げが毎年減少しているが、打つ手だてがわからない」

「売上げ拡大ばかりに気をとられ、気づいてみると人材育成や仕組みができていない」

「本業を続けていってよいかわからなくなった」

「会社経営に関する自分の経験や勘が通じなくなった」

「幹部たちが自分の言うことを理解してくれない」

「幹部に自分の考えを懸命に伝えるが、問題意識のズレを感じる」

「いざというときに右腕となってくれる人材がいない」

「もうひとつの柱をつくりたいが、何をしてよいかわからない」

「何かやろうとしても、なかなか社員がついてきてくれない」

などなどです。思い当たることがありませんか。

どの会社の社長も大変な思いをしていることを肌で感じます。けれども、社長がこんな思いをストレートに話すことはまずない。男としてのプライドや意地、口下手な性格、「話さなくてもわかるはずだ」という思い込みなどが邪魔をするのです。率直に話してくれれば受け止めることができるのに、やっかいなことです。で、どうなるかというと、悩みや嘆きの裏返しで、しょっちゅうイライラと怒る、ガミガミと小言ばかりを言うことになりがちです。

社長夫人は、そういうわべにとらわれずに、社長の心を感じてあげてください。社長夫人がそういう姿勢でいることは、いずれ社長にも伝わります。重い口を開いて、思いを漏らすようになればしめたものです。どんどん引き出して、受け止めましょう。

悩みや嘆きは、いわば愚痴です。少なくとも愚痴に聞こえます。誰でも、愚痴を聞くのは好まない。知らなかった社長の一面を知る戸惑いもあるかもしれません。注意したいのは、愚痴を聞いて、「社長なのにだらしない」とか「案外、情けないところがある」などと思わないことです。軽蔑や否定からは何も生まれません。このように社長を軽視するのは、社長業、会社経営の難しさ、負担や責任の重さに無知だからでもあります。

まず社長の思いを聞く、どんなことでもまずは受け入れる。そのことに徹してください。真のビジネスパートナーへの道は、そこから始まります。

――社長の大変さがわからなければ志の高さがわからない

社長の思いを理解し受け入れることができたら、社長を尊敬するよう心がけましょう。

成長が著しい社長夫人に共通しているのは、社長を尊敬していることです。社長を尊敬していれば、自然に、「社長のために役に立ちたい」「社長を助けたい」という思いが湧きます。その思いが、社長夫人の成長を後押しするのです。

ところが、「どうしても社長を尊敬できない」という社長夫人がいます。なぜでしょうか。

一つの理由は、社長という地位の重さ、会社経営という仕事の大変さを知らないからです。

年商が４億円の会社があります。資本金は１億円。会社を興したときに、何人かの人が出資してくれたそうです。社長は、その人たちに、創業以来10年間、毎年１割の配当を払い続けてきたそうです。たとえば、１０００万円を出資してくれた人に年１００万円を配当することを10年間続ける。不況が続き、どの企業も苦しい中で、10年もこれをやりきってきた。すごいことです。その「すごさ」がわからなければ、社長の優れた経営能力、志の高さが理解できません。

この会社の社長夫人は、決算書の勉強をすることで社長の優れた経営能力に気づき、社長への気持ちが変わったと言います。

「経営のことがわかってきたら、社長の大変さが理解でき、社長を尊敬するようになりました」

私の知っている社長夫人は、一様に、そう言います。

社長の大変さがわかると、社長の頑張りや苦しみ、悩み、孤独感がわかるようになり、それに耐えてきた社長に、いっそう尊敬の念を抱くようになります。

社長夫人が社長を尊敬するようになれば、それが何気ない言葉やふるまいに表れます。社員たちはそれを敏感に察し、社長を敬う気持ちを持つようになります。社長の指示や命令が通りやすい会社に変わるのです。

——ナンバー2にはトップ以上の器が必要

人生において私たちはいろいろな人に出会い、その出会いによって、傷ついたり、思い悩んだりしますが、それもすべて「学び」だと考えましょう。

社長夫人たちから、「社長が私の話をまともに聞いてくれない」とか、「いくら努力しても認めてもらえない」など、社長への不満をよく聞きます。そのようなとき私は、「あなたは、社長の話をよく聞いていますか」「あなたは、社長を認めていますか」「いつも社長に感謝したり、ほめたりしていますか」と聞き返します。すると相手は、一瞬シーンとしてしまいます。ハッと我に返り、涙を流す人もいます。

相手は自分の鏡なのです。私のコミュニケーションの定義は、「誰も人を変えることはできない」というものです。

他の人との間に何か問題がある場合、問題の50%は相手にあるけれど、自分にも同じ50%の問題があります。これを「50対50の法則」と呼んでいます。

自分の50%の問題は自分の努力で変えることができます。その変化に相手が気づいてくれれば、相手が10%でも20%でも変わる、ということです。

社長夫人と社長との関係に置き換えてみると、社長の話をよく聞き、社長と意見が違うときでも決してその場で否定してはいけません。少し時間を置いて、「社長、先ほど話されたことなんですが、私も考えてみたのですが、こうしたほうがいいと思うんですけど、どうでしょうか」などと話しかけるのです。これなら、次の会話に進みます。

はっきり言って、中小企業の社長は人間的に独特な個性のある人が多いと思います。やや偏ったところがあります。「自分の夢を実現したい」という思いがあり、しかも常に危機感を持っているだけに自我の強い人が多い。頑固で、わがままで、意地っ張り、自分勝手なところもあります。組織になじむような協調性は欠けています。男として社長としてのプライドが高く本音を出さないので、実際以上に尊大に見えるところも共通しています。

そこが人間らしい魅力とも言えますが、常に身近に接している社長夫人の目には社長の欠陥として映るのもやむを得ない面もあります。それで、「尊敬できない」となりやすいのです。

このような社長の気質や性格を変えることができるかというと、それは不可能です。まずは、自分を変えることから始めてみてはいかがでしょうか。ナンバー2にはトップ以上の器が必要なのです。

理念を共有することがパートナーシップの基本

——社長の生きざまに根ざした経営理念を築く

「夫と一緒に仕事をしてきたつもりだったのですが、実際は、いつも責任を社長に押しつけて逃げてばかり。本気ではなかったんです。夫と私の理念が一体になってこそ初めてパートナーと言えるのだと思いました」

ある社長夫人の反省です。社長を支えて仕事をしながら、常に自分自身に歯がゆさを感じていた。その歯がゆさの原因を突きつめたら、深い問題に気づいたのです。

理念とは、「ある物事についての、こうあるべきだという一貫して貫く根本的な考え」のことです。会社にとっての根本的な考えは「経営理念」です。経営理念を実現することが会社経営の目的です。会社経営は経営理念を実現するための手段、ということもできます。

社長夫人が社長のパートナーとして会社経営に関わるには、社長の持つ経営理念を理解し共

——経営の基本——
「幸せのりんごの樹」

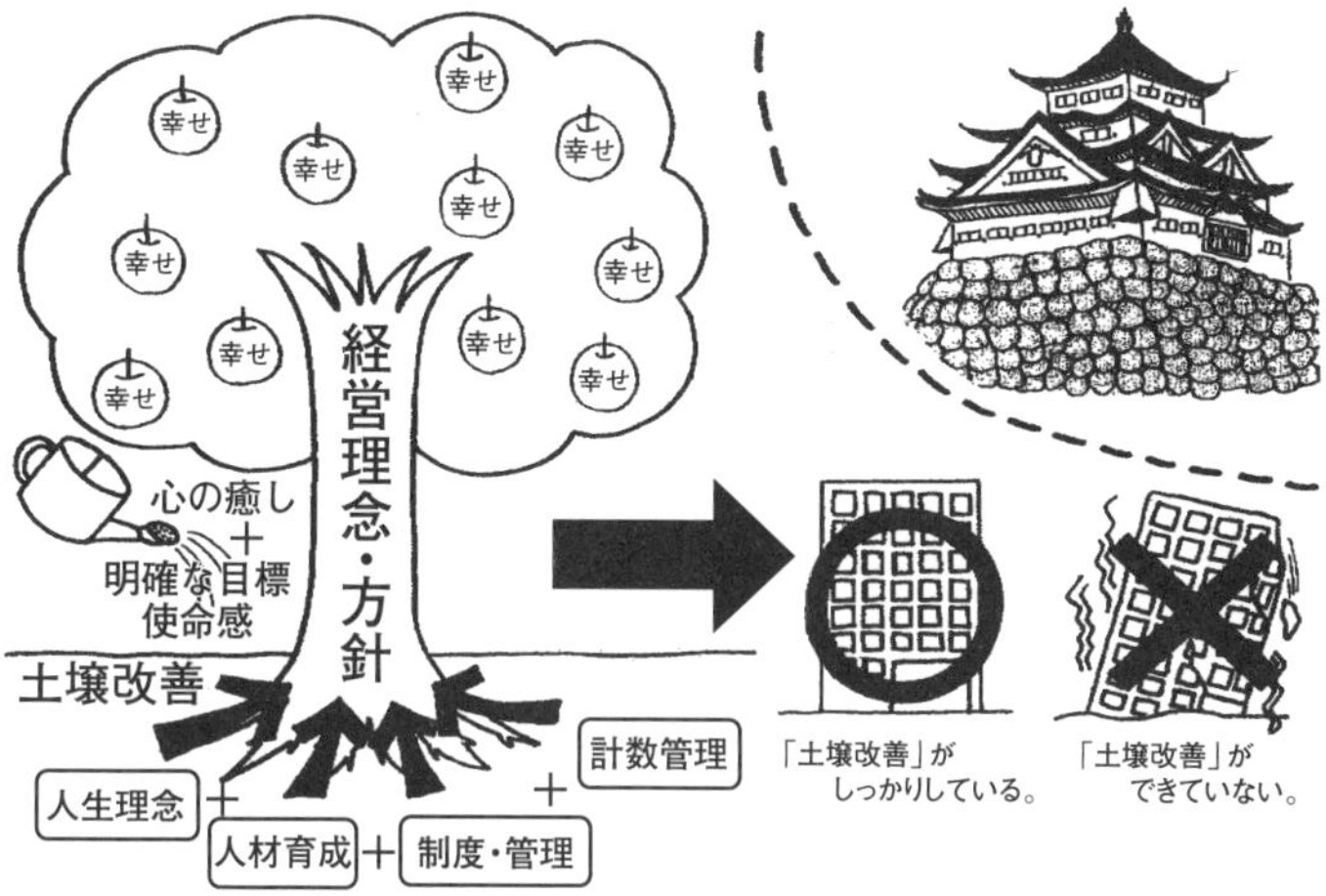

有することが基本です。互いの理念がバラバラでは、強力なタッグを組むことはできません。

あなたの会社にもりっぱな経営理念が掲げられているはずです。ただ、私の見るところ、たいていの企業で、経営理念は実質的に棚上げになっています。社長の生きざま（人生理念）と経営理念が食い違っているからだと思われます。

本物の経営理念、お腹の底からの経営理念とは、どのようなものでしょうか。

上の絵を見てください。これは、私が10年にわたって「経営の基本とは何か」を追求し考え続けてきたことをまとめたものです。「幸せのりんごの樹」と呼んでいます。私の考えの根本は、すべてこの絵に表現されています。

会社経営になぞらえれば、りんごの実が利益（夢の実現と経営成果）、幹が経営理念、土壌が組織風土です。豊かな利益を収穫するには豊かな土壌が必要です。

土壌の部分には、「人生理念」「人材育成」「制度・管理」「計数管理」の４つをあげています。この４つの条件をしっかり整えることによって、地面の奥深くまで根が張り、その根から養分を吸収して幹が育ち、品質の良い美味しいりんご（利益）がたくさん実ります。

どんなにりっぱに見える経営理念でも、土壌が貧弱では太く育ちません。まして大きな利益を得ることはできないのです。

土壌の部分に人生理念があることに注目してください。経営理念は社長の人生理念から育つものです。経営理念は、社長の人生理念の一部です。社長の生きざまに根ざしていない経営理念は本物とは言えません。

たとえば、「社員を大事にする」という経営理念を掲げているとしましょう。社員が交通事故を起こしたときに、咄嗟に何を考えますか。まず車や荷物の損害のことを心配するか、それとも社員のケガを気遣うか——。ここで、経営理念が本物かどうか問われます。前者なら「社員大事」がお題目に過ぎず、本当のところ、つまり人生理念は「損得大事」だったということです。経営理念に掲げている立派な言葉と社長の生き方とに、こんなに矛盾があるようでは社員はついてきません。

経営には社長の生きざまがそのまま現れます。人生理念と経営理念が同じでないと、いずれ経営は破綻します。

理念をまとめるには時間と経験が必要

参考までにお話しすると、私、矢野千寿の人生理念は、

「社会への役立ちと、心と生活の豊かさを追求して、ともに価値ある人生を実現する」――。

というものです。

仕事についても、この理念は一貫しています。この人生理念は、私の会社であるアローフィールドの理念でもあります。いろいろ迷い苦しみながら生きて仕事をしてきて、ようやくここまで理念を深め、このような言葉にまとめることができました。この経営理念は、人生理念と同じですから、どんなことがあっても崩れることはありません。

私の「社会への役立ち」とは、「中小企業の底上げ」です。底上げとは中小企業の経営基盤を確立し、豊かな土壌を作り、そこで働く人々を豊かで、幸せにすることです。そのことが私の「使命」だと強く思っています。

「心と生活の豊かさの追求」については、「得たいものがあれば、先に代償を払いなさい」と

いう言葉を常に心に置いています。

「愛」「敬う」「感謝」「謙虚さ」「貢献」「分をわきまえる」という心を醸成することによって得られる報酬は大きく、自ずと豊かな人生が与えられる。そういう生き方こそが、悔いのない価値ある人生だと考えています。

そして、私の理念の追求の根幹は、「使命感」と「正しさの追求」です。歪んだ動機からは歪んだ結果しか得られないということは、大自然の法則です。

人は、この世の中に、使命と幸せになれる権利を持って生まれてきているのに、幸せになれる方法を知らないように思うのです。企業で働く人たちも、高い地位について経済的にも豊かな生活をしている人もいれば、明日のこともわからない不安な生活を強いられている人もいます。この違いは何かと言うと、心構えと本気さと行動の量にあると思います。高いレベルの価値観を養い、積極的に行動すれば必ず幸せになります。

——理念と現実との「ギャップ」が取り組むべきこと

社長と社長夫人とで、もう一度、経営理念や、その底に流れている人生理念について話し合うことが大事です。それらの共有が、社長夫人がビジネスパートナーに育つ基盤となるからです。

男性は、その種の本音を吐露することにシャイなところがあります。なかなか話したがらない。社長夫人は、社長の言動から社長の理念を推測し、それを社長にぶつけてみてください。

わかりやすい手がかりは、社長が口にする嘆きや悩みです。これは自分が思っている理念が実現できていないことの裏返しです。それをもう一度、裏返すと理念が見えてきます。

たとえば、「売上げが思うように上がらない」という嘆きを聞いたら、「なぜ、売上げを上げたいのですか」と投げかけます。「社員をラクにしたい」「お客さんにもっと愛されたい」「新しい事業をやりたい」などと返ってくる答えから理念がはっきりしてきます。

もっとお勧めの方法は、会社を起こした頃に立ち返って、その頃の夢や思いを聞くことです。

多くの社長は、昔のことに水を向けられると、とたんにおしゃべりになります。「あの頃は大変だったよ」「ずいぶん苦労してねえ」などと滔々と語るものです。社長夫人は、話の引き出し役、聞き役に徹すればいいのです。

社長夫人も同じ人生を歩んできたのですから、社長と同じ思い出があるでしょう。自分も記憶をたどりながら共感のあいづちを打ってください。

理念の芯は、創業時の夢にあります。

「地域で一番の店にしたい」

「お客さんに心から喜んでもらえるような商売をしたい」

「地域の皆さんに役に立つ会社にしたい」

どの社長にも純粋な夢があったはずです。創業時の原点に立ち返ることで、本来の夢を思い出すのです。そこに人生理念、経営理念の糸口があります。社長夫人に話すことで、純粋であった頃に戻り、忘れていた本来の夢を思い出します。

創業時の夢は、純粋なだけに人生理念と一体化しています。そこに原点を置けば、本物の経営理念ができます。

社長と社長夫人とで話し合いを重ねることで、社長夫人は社長の理念を理解し、それを社長と共有してください。その経営理念と現実とのギャップを分析していくと、これからなすべきことが、より具体的に見えてくるはずです。

社長の話からキーワードを拾う方法もあります。繰り返し出てくる言葉、強調される言葉、社長が気に入っている言葉、社長夫人が気になる言葉、社長の理念に近いと思える言葉などをどんどん書き留めていきます。片端からパソコンに入力していくとよいでしょう。量がたまったら分類したり、整理したりして理念として固めていきます。これは、理念に限らず考えなどをまとめるにはよい方法です。

——社長と社長夫人の理念が異なってもかまわない

理念を明確にするのに、早いに越したことはありませんが、焦ってはいけません。

ここで勘違いしないでいただきたいのは、「理念の共有」は「理念の完全な一致」ではないということです。

社長と社長夫人が理念を共有するといっても、二人の理念が１００％同じである必要はありません。そうしようとすると無理が出てきます。社長夫人の理念が借り物になってしまうので、万一、社長が倒れたときなど独り立ちしようとするときに苦労します。社長と社長夫人はもともと違う人間ですから、異なる部分があって当然なのです。

理念の共有とは、根っこのところで理念が一致していることと考えてはどうでしょうか。その根っこから出た一番太い中心となる幹が社長の理念です。そして、同じ根っこから出た別の幹や、社長の幹から分かれた枝が社長夫人独自の理念です。

共通の根っこを持ち、中心の幹に添って生きながら、自分独自の幹を育て、新しい枝をつくっていく。これが、社長夫人の役割であり、目指す道です。

ある社長夫人は、会社の発展と社員の自己実現を一体のものとしてとらえようと考え、悩んだあげくに「愛社精神」という理念にたどり着きました。この「愛社精神」は、社長の理念と同じ根っこから出た、社長夫人独自の理念です。社長の理念にもとづきながらも、自分の理念、言い換えれば自分の役割と使命を見い出したとき、社長夫人は、ビジネスパートナーとして確固とした存在になれるのです。

一口に社長夫人と言っても十人十色

――社長夫人には5つのタイプがある

社長夫人になった経緯は人それぞれです。

会社を経営している男性と結婚した場合や事業をしている家に嫁いで夫が社長を継いだ場合などは、結婚当初から、自分が社長夫人となることが明らかなケースです。サラリーマンの夫が結婚後に脱サラして事業を起こした場合のように、予期せぬ形で社長夫人の座につくこともあります。

会社との関わり方もさまざまです。夫を助けて積極的に会社に関わる人もいれば、夫に言われてやむなく手伝っている人もいます。中には、夫の仕事に関わらず主婦業に専念している人や、夫の会社とは無関係に仕事や事業をしている人もいるでしょう。

肩書きを持っている社長夫人も多いですが、それも「専務」「常務」「取締役」「総務部長」

「監査役」などさまざまです。

これほど多様な社長夫人を一概にとらえることはできません。私は、多くの社長夫人を見、おつき合いしてきた経験をもとに会社との関わり方から、社長夫人を5つのタイプに分けて考えています。経営支援型、積極的経営参加型、自立型、秘書型、専業主婦（型）の5つです。

それぞれのタイプがどのようなものか、少しくわしくお話しします。皆さんの会社の社長夫人がどのタイプにあたるかを考えながらお読みください。

・経営支援型

主に経理部門、総務部門に関わりながら経営を支援しているタイプです。経営管理資料を作成する、人材育成や業務改善を進めるなど、円滑に社内業務を推進する要となる働きをしています。経理のことだけをしている社長夫人も多く見られます。

・積極的経営参加型

会社の経営計画や経営戦略に積極的に関わり、実質的に経営に参加しているタイプ。肩書きの有無に関わりなく、会社の業務執行の意思決定を担う「取締役」としての役割を果たしている社長夫人です。

・自立型

自らが社長として会社を経営しているタイプです。新事業を担う別会社の経営を任されたり、社長の死や病気などで会社の経営を引き継いだりする場合には、社長夫人が社長となる例が多いものです。

・秘書型

仕事に100％関わるのではなく、社長の雑務や社員の福利厚生面、社員の家族への配慮などを担当しているタイプ。パーティーや会合など公的な場に、社長と一緒に、あるいは社長の代わりにひとりで出席するという大事な役割もあります。

・専業主婦（型）

文字どおり、会社にいっさい関わらずに家庭を切り盛りしているタイプです。夫である社長の健康管理や精神的な支えになるなど、間接的な形で会社を支えていると見ることもできます。

――どんなタイプでも会社は支えられる

このような社長夫人のタイプ分けは、社長夫人のあり方を的確に捉えるのに役立ちます。

いま現在、どのタイプかがはっきりすれば、課題も見えてきます。現状のタイプで仕事をするにしても、他にやるべきことがないか、何をしたらよいか検討する手がかりになります。

5つのタイプを下敷きにすれば、これから社長夫人が目指すべき方向をイメージして、目標を明確にし、具体的にすることができます。

「専業主婦」以外で、もっとも多いのは、おそらく「経営支援型」のタイプです。中でも多いのは、毎日、経理の帳簿をつけているだけの社長夫人だと思います。経理の事務員としての仕事です。「経営支援」と言ってもこの程度で、人材育成や業務改善などには手が回らないのが実態でしょう。

ついで多いのは「秘書型」「積極的経営参加型」でしょう。

「自立型」、いわゆる女性経営者と呼ばれるタイプはごく一部ですが、そのルーツをたどるとさまざまな人生模様があります。中でも目立つのが、社長が病気で倒れたり、亡くなられたりしてやむを得ず事業を継承した社長夫人です。

社長が亡くなったあと、まず第一に「事業

を存続するかしないか」を、第二に「誰が事業を継承するか」を決めなくてはなりません。後継者が育っていなければ社長夫人が社長になるケースが多いのですが、それまで社長の影にいた社長夫人が「自立型」になるには大変な苦労があります。

会社を伸ばすのは「積極的経営参加型」タイプ

5つのタイプのうち、ビジネス上のパートナーとして社長を支えられるのは「積極的経営参加型」です。会社を伸ばすのは、このタイプの社長夫人です。「経営支援型」が過去や現在に関する仕事が中心なのに対して、「積極的経営参加型」は会社の将来に目が向いている点に、大きな違いがあります。過去や現在の処理ではなく、将来を見据えた仕事が中心になります。

どのタイプを目指すか、どのタイプが可能かは人によって異なるのは当然です。社長の考え方、社長夫人自身の考え方、会社の状況、家族のあり方など多くの条件が関係するので、すべての社長夫人が「積極的経営参加型」になるべきだということではありません。「うちの妻には秘書型でやってほしい」「私は専業主婦でいきたい」ということでもよいのです。社長夫人が実行したい事柄がはっきりしていることが大事です。

ただし、どのタイプでも、夫を社長に持つこと、自分が社長夫人であること、その立場を無視できないことは自覚していただきたいと思います。

たとえば、「秘書型」や「専業主婦（型）」であっても、公的な場に出ることがあります。このようなとき、社長夫人という立場は非常に重要です。社長と社長夫人が並んでいるとき、周囲の人は、社長より社長夫人に注目するもの。社長夫人としてそれなりのふるまいを示さないと、「社長はりっぱなのに、奥さんはこんななの？」と思われてしまいます。

常日頃から、社長夫人にふさわしい洗練された身なり、高い教養、人間的な成長を心がける努力をしてほしいものです。

「専業主婦」も同じようなところがあります。帰宅した社長が会社のことを話したり、愚痴をこぼしたとき、「私には会社のことはわかりませんから」といってすますのは、どうでしょう。家庭は社長にとって癒しの場であるはずなのに、妻の反応がこれでは少しも癒されない。これでは困ります。

会社のこと、経営のこと、広く社会のことなどを学んでください。社会的な知識や見方が身につけば、よりよい形で社長を精神的に支えることができます。一見、会社とは無関係な専業主婦であっても、夫である社長を介して会社と関わっているのです。

社長夫人戦力化のシナリオをつくる

――どんなタイプを希望するか社長の考えを聞く

社長夫人は、会社を変え、会社を伸ばす可能性を持つ存在です。そのような潜在的な力を秘めています。

社長夫人の力を引き出すには、まず、どのような形で社長夫人が会社にかかわるか、その方針をしっかり決めることです。先にあげた5つのタイプを参考にしてください。

目指すタイプを決めるには、社長夫人だけでなく、社長の考えや希望も考慮する必要があります。

実際のところ、社長夫人と社長とでは、希望するタイプが同じなのかどうか。アンケートでは、なかなか興味深い結果が出ています。

2004年の7月、日本経営合理化協会主催の「社長夫人特別講座」で講演した際、全国か

社長夫人の希望と社長の期待とは一致しない

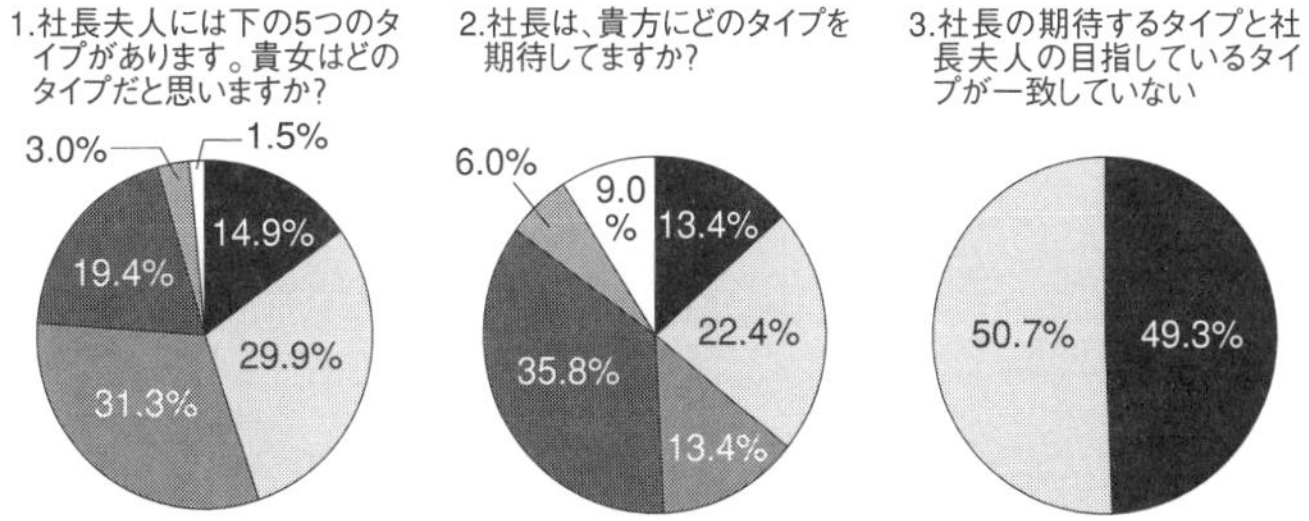

専業主婦――まったく仕事にはかかわらず、家庭において社長の健康管理や精神的な支援者。
秘書型――仕事に100%かかわるのではなく、社長の雑務や社員の福利厚生面やその家族への配慮や対外的にはファーストレディとしての役割。
経営支援型――主に総務・経理部門を任せられ、円滑に社内業務をこなすための要。
積極的経営参加型――取締役という役職を自覚し、総務・経理部門をはじめ積極的に経営参画。
自立型――独立した会社を任されたり、社長の死によって事業を継承した社長夫人。
無回答

〈日本経営合理化協会主催『社長夫人特別講座』アンケート結果から〉

ら参加された約１２０名の社長夫人の皆さんにお聞きしたものがあります（上表参照）。「あなたはどのタイプと思うか」という質問に対する回答は、「経営支援型」が31％でもっとも多く、「秘書型」30％が僅差で並び、「積極的経営参加型」は２割弱、「専業主婦」は15％、「自立型」は３％という結果でした。この種の講座に参加する意欲を持った社長夫人たちの意見ということを割り引いても、ほぼ実態を反映しているように思います。

　これに対して「社長は、どのタイプを期待しているか」を社長夫人に予想してもらったところ、「積極的経営参加型」が36％と最多、ついで「秘書型」（22％）で、「経営支援型」と「専業主婦」が13％と同じ割合でした。社長に直接聞いたものではないので誤差はあるかもしれませんが、社長夫人の実態と社長の期待とが一致しない人が5割近くにものぼることは注目されます。

私も、このような例をよく見聞きします。多くの社長夫人は、「会社のことは夫にまかせる。自分はそんなに頑張らなくてもいい」と思っていて、「秘書型」か、せいぜい「経営支援型」でいいと考えています。

一方、社長は「積極的経営参加型」を期待している人が多い。アンケートどおりです。ここには「俺を助けてくれ！」という社長の叫び、本音が出ていると思いませんか。その半面、勉強もしないで中途半端に仕事をするくらいなら、あまり首を突っ込まない「秘書型」か「経営支援型」でいてもらったほうがうるさくなくていい、という思いも持っています。

特定部門の独立や新規事業を起ち上げたいと考えている社長は、そのトップに社長夫人を据えたいので、「自立型」を期待していることもあります。

社長の「積極的経営参加型」に対する期待が明らかにわかる例をお話しましょう。

私は２００2年11月に「社長夫人革新講座」を立ち上げました。この講座に、設立後10年になる会社の社長夫人が参加されました。

「10年経って、毎年利益は出ているが、ここ3年売上げが横ばい状態にある。今までのやり方ではすでに限界が来ているのではないか？　私が社長をもっと積極的に助けていかないと、良い会社にはならないのではないか？　しかし、何をどうしてよいかわからない」――。

自問自答しながら悩んでいたときに講座との出会いがあったのです。「経営支援型」タイプの総務部長として、総務・経理部門を任されてきたけれど、日々の処理に終わっていて、ただ手伝っているという気持ちのほうが強いように見受けられました。

講座の中で社長夫人としての使命と役割があることに気づいた日の翌日、朝礼で、「私は今、社長夫人の講座に出さしていただいております。今のままでは決して良い会社になりません。私は、もっと積極的に社長を助けて良い会社にしたいと思いますので、社員の皆さんも助けてください。そして一緒に良い会社にしていきましょう」と発表し、それから2年後、60歳の還暦と同時に取締役に就任しました。

あるとき、社内行事のパーティーの席上、全社員と来賓の前で、社長が次のように挨拶をしました。

「会社を設立して10年になります。10年目の売上げ目標10億を掲げておりましたが、私の経営者としての力不足で40％しか達成しておりません。しかし、この10年間の最大の成果は、妻が総務部長から取締役に就任し、そして私のパートナーとして成長してくれたことです。これから一緒に力強い会社を作ってまいります」

「社長夫人に自分の目線まで成長してほしい」という社長の本音と、それがかなったときのづいて将来に向けて二人三脚の人生をスタートさせるとはすばらしいことです。

喜びがよく伝わってきます。一般に還暦を迎えると現役を退く人が多いのに、新たな使命に気

――社長は何を期待するか明確に伝える

社長と社長夫人の考えが違っていては、社長夫人の戦力化は進みません。二人の考えが一致していなければ、社長夫人が力を発揮することができないばかりか、社内に混乱を招くなどのマイナスをもたらします。二人の意見をすり合せ、一致させることから始めます。

まず、社長の考えをまとめ、社長夫人にきちんと伝えてください。社長夫人のことですが、イニシアティブをとるのは、あくまで社長です。会社経営を担っているのは社長ですから、社長の考えが優先します。

「女房なんだから、言わなくても俺の考えはわかるだろう」という社長もいます。夫婦なんだから話さなくてもわかるはずだ、そう思っているのです。

しかし社長夫人にとってもっとも困るのは、社長の考えがわからないことです。「社長の役に立ちたい」という意欲が空回りして、かえって悪い方向に進んでしまう。

ここは、「夫婦」という意識ではなく、社長と社長夫人、ひとつの会社を変革し伸ばしていく仕事上のパートナーとして向き合うべきです。社長として「社長夫人に何を期待するか」を

言葉を尽くし、考えを明快に伝えることが出発点になります。

社長の考えがわかれば、社長夫人は変わります。

ある会社の社長、社長夫人と三人で旅行に行ったことがありました。車の中で、私は社長に聞きました。

「5つのタイプのうち、社長は、どのタイプを求められますか」

「自立型になってほしいですね」

即答でした。

このとき、社長夫人のほうは、数年前に会社から身を引こうか引くまいか迷っていたことがあり、常に、あまり出しゃばらず、「経営支援型」程度でいいのではないかと思っていました。そんなところに「自立型を望む」と言われたので非常に驚いたようですが、このときから社長夫人は変わりました。「積極的経営参加型」として社長を補佐するようになったのです。

多くの社長夫人は、「自分がどこまで積極的にやればいいか」、そのモノサシがわからず悩んでいます。それを吹っ切るには社長のひと言が必要なのです。

社長が自分の考えをはっきり話さない場合、社長夫人は、ふだんの言動から社長の思いを想像したり、理解するよう努めて欲しいと思います。社長夫人の5つのタイプなど関連する話を持ちかけ反応を見るのもよい方法です。そして「社長はこんな考えだな」と推測できたら、それを社長にぶつけます。社長夫人が引っ張る形で社長の考えを引き出します。

同時に、社長夫人も、自分自身の希望や考えを社長にきちんと伝え、理解してもらうようにします。事前によく考えて自分の考えをまとめ、筋道だった話をするよう心がけてください。

・現状をどう考えているのか
・これから、どのような形で社長に協力したいのか
・なぜそうしたいのか
・自分に何ができるのか
・どういう勉強や努力をしようと思っているのか

などについて社長にしっかり伝えましょう。すでに社長の考えを聞いているわけですから、それを踏まえて話をする必要があります。

――すれ違いがあるときには社長夫人が努力する

社長夫人が成長して、「何が正しいのか」「何が正しくないのか」が明確になってくると、社長の行動や言動に不信感を持つことがあるかもしれません。社長の皆さんは、これをたいへん嫌います。「女房があまり勉強すると、自分を超えて口を出しすぎる恐れがある」といって、社長夫人の潜在能力を抑えてきたのが日本の文化です。

しかし、社長夫人の戦力化によって新たな価値を創造し、次のハードルを目指すことを思えば、両者がお互いに過去の概念を思い切って捨てることに価値があります。

ある社長に、「総務部長（社長夫人）は随分成長されて、説得力もついてきましたが、社長はどう思われますか」と聞くと、社長が笑顔で「はい！　説得力もついてきましたが、反発もしていただいております」という返事でした。その言葉の裏には、社長夫人が信頼できるパートナーとして成長した喜びを感じます。

世の中の中小企業の経営者は個性が強く、そのせいで間違った判断をしても、それを具申する部下がいません。いつの間にか裸の王様になっていても、そのことに気づきもしないのです。社長の過ちを率直に指摘できるのは社長夫人です。社長夫人の辛口の意見を聞く耳を持つのも社長の器だと思います。

右の社長は、妻を大切に思うからこそ妻の成長を素直に喜び、厳しい意見に対してもしっかり耳を傾け、60歳を越えてもなお自分を変えようと努力しています。立派ではありませんか。

社長夫人にとって大事なのは、「社長がなかなか私の話を聞いてくれない」「わかってもらえない」と不満を言うのではなく、「認めてもらえる自分」になる努力をすることです。

コラム ガンバる社長夫人

問題点を指摘すると「あれはこうしました」と報告が返ってくる。体質が変わってきました。

金澤昌江さん（36歳）
小浜食糧株式会社　専務取締役
［菓子製造販売業］

基礎データ

41年の歴史を持つ長崎銘菓「クルス」の製造販売とともに、菓子直売店を長崎県内に9店舗展開している。昌江さんの祖父が創業したのが1932年という老舗。2000年に夫、秀三郎氏（35歳）が社長に就任。昌江さんは2年前に現職となった。従業員は90名。

うちの主力製品「クルス」の競争力がなくなって売上げが横ばいになり、将来の落ち込みも見えてきたことから直売店を出すことになったのが5年前。お店のことは私が全面的に任されたんですが、義母から教わって経理が多少わかった程度で、肝心なことがわからない。この店は、どのくらい売れば黒字になるのかということすらわからないんです。そんな初歩的なことは社長にも聞きにくいし、悩みました。

それで「数字を判断できるようになりたい」と思って矢野先生の講座を受けたんですが、いちばん勉強になったのは、社長夫人という自分の立場を掘り下げて考えられるようになったことです。それで、自分のダメさもはっきりわかってきた。特に社長に対する態度ですね。

「自分はこんなに頑張っているのに、なぜわかってくれないのか」「私の話をなぜ聞いてくれないのか」「なぜすぐに喧嘩になるんだろう」──ずっとそう思ってきましたが、けっきょく原因は私にありました。主人を理解しようともしないで、自分の気持ちを押しつけていただけ。自分のことで精いっぱいだったんです。そのことに気づいて、すごく反省しました。

それからは、社長の話をすなおに聞けるようになったし、すぐに感情的になることも減りましたね。以前より冷静に話せるようになりました。

自分がすべきことがわかってきたので、社員に対しても、きちんとものが言えるようになりました。何から何まで自分でやってきたのが、部下にまかせられるようになったのも最近です。

社員も変わってきました。問題点を指摘すると、あとで「あれはこうしました」ときちんと報告が返ってくる。逆に、社員からささいな悩みや愚痴を聞かされることはなくなりました。〝なあなあ〟だったぬるま湯体質が変わりつつあるんです。

営業社員に「営業計画を出してください」と指示すると、鳩が豆鉄砲を食らったような顔をします。初めてなので、急にやれと言ってもできなくて当然ですね。矢野先生からは、「2年ぐらいかかると思って、しっかりフォローしていくように」と言われています。

社員にとっては大変ですが、これからもこのやり方を続けていくつもりです。

できることから最初の一歩を踏み出そう

社長夫人は高所からモノを見る目を養う

「木を見て、森を見ず」ということわざがあります。

女性は、大局的な視点に立って物事を見ることが不得手な人が多いようです。しかし、現実を見据える力や女性独特の直観力は鋭いものがあります。また、コツコツ石垣を積み上げていくような粘り強さは、男性には真似ができないものです。

反対に、男性は、大局的なものの見方は非常に評価すべきものがありますが、その半面、「森を見て、木を見ず」で、遠くの夢ばかり追い求めて足元の現実から目をそらす傾向があります。

このような違いに反発するのではなく、お互いが違いを認め合えれば二人三脚の人生が実現できると思います。

女性の持ち味をいっそう生かすためには、女性ももっと高所からものを見る目を養う必要があります。

たとえば、経理は1円でも間違いがあってはいけませんが、このこだわりが過ぎると、融通が利かなくなってしまいます。

社長の投資計画に、社長夫人が「今はそんな余裕がない」などと反対して社長の意欲を減退させることが多々あります。交際費についても、社長から領収書を出されるたびに小言を言って足かせをかけてしまうのです。意味のない交際費の無駄遣いはもちろんいけませんが、交際費には、「種まき資金」としての許容範囲があって然るべきです。

私は、社長夫人に、経理を社員に任せることを勧めています。そう言われると、自分の仕事をとられるようで、ますますしがみつく傾向がありますが、これではビジネスパートナーにはなれません。経理を思い切って人に任せてみると、爽快に視界が広がって自分の役割の大きさに気づき、そこから社長夫人の革新が始まります。

――考えたことが実現するまで2〜3年はかかる

社長と社長夫人との話し合いの中で、社長夫人が目指す方向がはっきりしたとします。日々の仕事に変化が出るし、新たな勉強も必要になります。でも一朝一夕にはできません。多くの社長夫人を見てきて、私は、最初に考えたことが実現するまで「ほぼ2～3年」と考えています。そのくらいの年月がかかるのがふつうです。社長夫人自身も社長も、焦らずじっくり取り組むことです。

仕事や勉強をしていくうちに、目指すタイプが変わることもあります。

建設会社で総務部長として仕事をしてきた社長夫人は、新規事業であるカーテン・ショップを任されることになりました。「経営支援型」から「積極的経営参加型」、さらには「自立型」への変身を迫られたのです。

広島県のある会社の「秘書型」タイプだった社長夫人は、仕事への関わり方が中途半端になり、専業主婦になりました。しかし、社長の勧めで私の講座に参加して、経理の勉強をしていく中で会社の苦境を知り、再び「せめて秘書型に」と決意しました。

最初は比較的負担の軽い「秘書型」からスタートし、勉強をしながら徐々に「経営支援型」に移行し、さらに力をつけたら「積極的経営参加型」を目指すというように、段階的にステップアップする方法もあります。

社長や社長夫人の考え方や能力、会社の状況などに応じて、そのときに適したタイプに変化することは珍しくありません。このあたりは柔軟に考えればよいでしょう。どのタイプであれ、自分の仕事と責任の範囲を明確にし、その責任を全うすることが大切です。社長夫人だからこそ甘えは許されません。

大上段に構える必要はない

明確な方針が立って、まず最初に何をするか。何から手をつけていくか。社長と社長夫人とで話し合って決めてください。大枠がきちんと決まれば、着手することにそれほどこだわらなくてもよいと思います。

「経営支援型」として経理のことをもっと勉強するというのなら、その種の講座を探して受講する、会社に入っている税理士のアドバイスを得るといったことから始めてもよいと思います。身につくように勉強するには、独学より専門家に教えてもらうのが早道です。我流に陥らずにすむことも利点です。基本をしっかり学ぶようにします。

私の講座の50代以上の社長夫人たちは、「若いときにこの基本を勉強していたら、もっと社長の役に立てて、いい会社にしていたでしょうに」などと言ったりします。私は「どんなときでも遅いということはありません」と言って励まします。

私が知っている社長夫人は、あるとき社長に「社員が専務と呼んでくれない」と不満を言うと、社長から「専務としての仕事をしているのか」言われ、非常に悔しい思いをしたそうです。

それからは、社員より早く出勤して社員以上に仕事をしました。社員の作業着の洗濯や軽食の買い出しなどの雑用をこなしながら10年間努力した結果、2カ月遅れだった月次決算も翌月の7日までにできるようになり、社長と社員の橋渡し役として貢献できるまでに成長。社員も社長夫人の仕事ぶりを認めて、「奥さん！」ではなく「専務」と呼ぶようになったそうです。「いずれ家内は退かすようにしたい」と言っていた社長も、「こうして一緒に仕事ができるのは幸せだね」と言うようになったと聞きました。

大上段に構えずに、まずは、できることからはじめること。最初の一歩を踏み出すことです。

2章

社長と社長夫人の二人三脚が会社を伸ばす

社長夫人は社長の補佐役に徹すべし

――ナンバー2の役割には経験も役職も関係ない

会社経営という点では、能力と経験からいって社長が「主」、社長夫人が「従」です。社長のビジネスパートナーと言っても、あくまで「従」の立場です。ただし、同じ「従」でも、社長夫人と社員とは立場がまったく違います。社長夫人は、会社のナンバー2になっていただきたい。逆に言えば、ナンバー2になれなければ、真の意味で、社長のビジネスパートナーにはなり得ないと考えましょう。

会社のナンバー2とは、専務とか常務、部長といった役職や肩書きとは関係ありません。社長夫人だから無条件にナンバー2である、と言うこともできません。

「ナンバー2とは、社長と経営理念を共有し、社長の夢を実現するという目的に向かって、ともに行動する人である」――。

これが私の定義です。

次のようにも言えます。

「ナンバー2とは、社長以上に器とスキルを必要とし、社長の描いた夢を具体的に表現できる人のこと。イメージとしては、社長の歩む道に赤い絨毯を敷いて待っているという感じです」

「赤い絨毯」とは、「夢を実現するための条件づくり」を意味します。

この定義に合いさえすれば、年齢も経験も役職も関係ありません。新入社員でも、ナンバー2になる可能性を持っています。けれども、実際には、このような人を見つけるのはむずかしい。社員は「雇われている」という意識が強く、経営する側の人間としての意識が希薄です。だから責任感も薄い。本当の意味で社長と経営理念を共有できるか疑問です。

やはり、ナンバー2にもっとも近いのは、人生の伴侶でもある社長夫人です。社長夫人の皆さん、そう思いませんか。これまでお話ししてきた「社長のビジネスパートナー」とは、「会社のナンバー2」ということでもあります。

――「会社の土壌づくり」こそ社長夫人の仕事

会社のナンバー2の仕事は、社長を補佐することです。

35ページの「幸せのりんごの樹」の絵をもう一度見てください。この絵の土壌づくり、土壌改善が社長夫人の役割です。社長の仕事は、この土壌の上に幹を育て、たくさんのりんごを実らせることです。社長は、地上に出ている部分に大きな力をとられるので、土壌づくりまで手が回りにくい。それを社長夫人が補佐するのです。

この役割分担は、男性、女性それぞれの特性にも合っています。

男性はロマンチストで夢を描き、大局的な視点で物事を見つめるのが得意ですが、それを具体的な形にするのは苦手です。

反対に女性は、大所高所から物事を見るのは弱いですが、現実をしっかり見つめて、具体的にコツコツと形にしていくこと、細かい作業を丹念に積み重ねていくことは得意としています。

会社の土壌づくり、土壌改善は、女性である社長夫人にこそ可能な仕事、社長夫人にこそふさわしい仕事です。

「良樹細根」という言葉をご存じですか。カー用品店を全国に展開しているイエローハットの会長、鍵山秀三郎さんの言葉です。「良い樹を育てるには根を大事にして細かく配慮することが必要である」という意味です。会社の土壌づくり、土壌改善の本質をズバリ言い当てているので、私はよくこの言葉を紹介します。

会社を城にたとえると、土壌にあたるのが石垣です。石垣がしっかりしていないと、城がぐらつきます。石垣は、大きな石ばかりでは完成しません。大きな石を組んだら、その間に小さな石をすき間なくはめ込んでいって、初めてしっかりした石垣になります。この小さな石をはめ込んでいくのが社長夫人の仕事と言うこともできます。

会社の土壌改善に即効性はありません。目に見えるような成果が出るまでには、かなりのエネルギーと時間を要します。けれども、土壌がよくなると本当の力になります。

ある社長から、こんな言葉をいただきました。

「土壌改善は、最初は遠回りのように感じるけど、結局は近道でした」

この地道な活動は、男性にとっては非常に不得手なことです。だからこそ、社長夫人の役割が大きいのです。

「土壌改善」という言葉は、いずれ全国の社長夫人の共通語になると思います。

社長との「二人三脚」を徹底する

――社長の苦手とするところを補う

社長夫人が社長のビジネスパートナーになるということは、ふたりが二人三脚で会社経営をしていくということです。

その第一の利点は、互いの性格的・能力的な不足分を補い合えることです。

社長も人間ですから万能ではありません。

ある社長は夢は壮大ですが、細かい実務が苦手です。

粘り強さが信条である社長は、半面、優柔不断なところがあって大きな決断ができなかったりします。

社員にかける思いはとても強いのに、それが社員に伝わらず敬遠されている不器用な社長もいます。

そのような社長の苦手とするところ、不足している点を社長夫人が補う。理念を共有しているので、社長も安心してまかせることができます。

適材適所も二人三脚の利点です。気心がわかっていて信頼できる同士で、互いに得意分野に力を注ぐ。たとえば、大きな戦略を立てるのは社長、計数管理の部門で戦略を具体化するのは社長夫人。あるいは、社外の人脈を築くのは社長、社員を育てるのは社長夫人。よくあるのは、このような分担です。

社長と社長夫人の二人三脚は、相手が暴走や過失をしたとき、ブレーキをかけたり、たしなめたり、フォローしたりして大過なくすませられる利点もあります。社長が社員を怒鳴りつけたら、あとで社長夫人が言葉をかけてフォローをする。これで社員を深く傷つけずにすみます。ビジネスパートナー・シップが深まっていくほど、阿吽《あうん》の呼吸で、このようなことが可能になるはずです。

――社長より出てはダメ、引きすぎてもダメ

二人三脚では二人が横一線で、足の運びもぴったり合わせなくては、うまくゴールまで走れません。会社経営の二人三脚は、少し違います。常に社長が前面に出てリードし、社長夫人は社長の少し後ろから、社長に従ってついていくという形が理想です。

社長夫人は「出すぎず、引きすぎず」が基本です。社長より出すぎてはダメ、引きすぎてもダメです。それで、社長の一歩後ろをピタリとついていく。私はこのことを強調しておきたいと思います。塩梅《あんばい》がむずかしいのですが、このコントロールは非常に重要です。

積極的、独立心が強い、まじめといった性格で、しかも聡明な社長夫人は、とかく出すぎます。社長を批判したり反発したりする。極端な場合は、それを社員の前で公言する社長夫人もいます。これでは、社長がやりにくいのは言うまでもないでしょう。

社長夫人が出すぎるのは、本来はひとりだけのトップが二人できるようなものです。社員は、そう感じる。社員にも混乱をもたらします。

たとえ社長夫人の考えや方針が社長より優れていたとしても、出すぎてはいけません。社長夫人は、社長の補佐役です。社長夫人はあくまでナンバー2なのです。

それに、自分の才を誇っても、自分を磨くことにはなりません。「自分が、自分が」という人には誰もついてきません。社長の信頼も得られず、社員からもそっぽを向かれる——そんなことになりかねないのです。そうなったら惨めでしょう。

私の講座を受講中に涙を浮かべる人がたくさんいます。その一つの原因は、分別なく出すぎたせいで社長からも社員からも疎外感を持たれていることに気づいたことにあるようです。反省と申し訳なさを含めた涙なのです。

「最上の善は水の如し」という言葉があります。

水は必ず高いところから下に静かに流れます。そして、少しでもくぼみがあると静かにそこにたまります。自然に逆らず柔軟に自らの有り様を変えます。しかし、いざというときには山をも崩す力を発揮します。そんな力を秘めて、日ごろは静かに流れているのです。

出すぎなくても、優しさの中に強さを秘めた心を持って行動すれば、人は必ずついてきてくれます。

引きすぎるタイプの自分改善法

出すぎとは逆に、引きすぎでも困ります。

何十年と経理を担当してきて、毎日の入金や支払いを入力して支払い計画を立てることをずっと繰り返してきた社長夫人がいます。社長に言われたことを言われたとおりにすることを百年一日の如くに続けているだけです。

これが引きすぎの典型的な例です。これでは社長にとって頼りになりません。相談を持ちかけても何も返ってこない。ビジネスパートナーとはとても言えません。

経営の一角を担うという意識や責任感がないと引きすぎになります。このような社長夫人は、経営陣としての自覚を持つという基本に立ち返ってください。

性格的なことが「引きすぎ」の背景になっていることも多いようです。マイナス指向で消極的な性格の人、主体性がない人は、自分を出さず人の後についていくだけになります。

社長のビジネスパートナーになろうとするなら、こんな性格や生き方を少しでも変える必要があります。生まれつきの性格や気質は他人がどうこうするのはむずかしいものですが、私の経験から、ひとつアドバイスできることがあります。

自分が「したい」「やってみたい」と思うことを、どんどん書いてリストをつくることです。内容は何でもかまいません。「もっと明るく生きたい」といった抽象的なことでも、「パソコンを使えるようになりたい」という具体的なことでも、どんな細かいことでも、思いつきでもかまいません。少しでも「したい」という気持ちを伴って心に浮かんだことは、気軽にすべてメモします。毎日ひとつでも、1か月続ければ、30の項目が並びます。

もともと消極的だったある社長夫人に、この作業を勧めたことがあります。どうやらまじめに作業をしたようで、1か月ほど経ってから会ったら、「あれはすごくよかった。自分の気持ちがだんだん変わり出しました」と話してくれました。

私自身が折りに触れてやっていることを思いつきでアドバイスしたのですが、思った以上の効果があったようで、私のほうも驚きました。ある程度のリストができたら、それを読み返して、まとめてみると、自分のやりたいことが次第にハッキリするはずです。

会社における社長夫人の立場

——社長と社員の真ん中に位置してはいけない

社長と社員の間に線が引いてあるとして、社長夫人は、どの位置にいればよいと思いますか。社長夫人にそう聞くと、ほとんどの人が、社長と社員のちょうど真ん中の位置を指して、「ここです」と言います。「真ん中がいい」と考えています。これは間違いです。

社長と社員の真ん中は、幹部社員がいるべき位置です。社長夫人のいる位置ではありません。社長夫人は、社長と同じ経営陣です。社長より一歩下がっているとしても、社員から見れば、経営という立場では社長と同格です。社員は、経営陣ではなく、別格の立場です。

社長夫人は、社長と社員の真ん中ではなくて、社長寄りの位置、できれば限りなく社長に近い位置にいなくてはいけないのです。その位置なら、社長と同じ目線、経営者としての目線で社員や会社を見ることができます。社長の代弁ができるのも、この位置にいてこそです。

だからなんで
おまえが組合代表
なのかときいてるんだ!!
だってアナタ
横暴
なんですもの。
要求カンテツ
社長夫人と
いっしょに
我々は
たたかうぞー!!

「私は社長と社員の真ん中」と意識すると、社長夫人はとかく社員の側に立って、社長に対する防波堤になりがちです。社長が社員にきついことを言うと、「社員がかわいそうだから」「社員も一生懸命やっているから」などと、社長に対抗して社員を守ってしまう。社長がいくら言っても、社員は社長夫人に守られてぬくぬくしている。これでは会社は成り立ちませんし、社員をスポイルしていることにもなります。

中には、意識して社員寄りに立つ社長夫人もいます。社長がガツンと怒ると、社長夫人が社員と一緒になって社長に腹を立てる。これは、とんでもない間違いです。

社長のビジネスパートナーたる社長夫人なら、こんなふうに社員に調子を合わせて社員の味方になるのではなく、「社長が爆発したのは、あなたたちがこういうことができていないからなのよ」と社長の怒りを社員に通訳して伝えるべきでしょう。

社長夫人は、自分が立っている位置が正しいか正しくないかを常に意識していて欲しいと思います。

社長の〝思い〟を先取りして先手を打つ

たとえば、社長がイライラしていて、社長夫人がそれに気づいたとします。このとき、社長夫人がすることはいくつかバリエーションがあります。

原因も対策もわからないので放っておくというのもひとつの方法ですが、これでは補佐役としては失格です。

「何をイライラされているんですか」と社長にたずね、原因を聞き出して社長と一緒に対策を練るというのが常識的な線でしょう。多くの社長夫人が納得するやり方だと思います。

ちょっとできる社長夫人なら、原因を聞いたら、社長に相談しないで対策を講じるかも知れません。正しく処理できれば社長の手を煩わせずにすむ点で、常識的な線より一歩進んだ方法と評価できます。

私が期待したいのは、もっと積極的に社長の思いを先取りし、先手を打つことです。社長のイライラの原因を考え、たとえば「あの社員がきちんと報告や連絡をしないことが原因ではないか」と推測し、社長に代わって、社員に注意する。そういう積極性が欲しいと思います。言わず語らず、以心伝心で、社長夫人が自分の思いを感じ取り実践してくれれば、社長は大いに助かります。いやがうえにも、社長夫人に対する信頼は驚くほど深くなります。ビジネスパートナーとして本物になっていきます。

社長が何をしたいのか、何を悩んでいるのか、誰にどうして欲しいのか——といったことを常に考え感じ取っていく。この先取りができるかどうかがポイントです。

社長の思いを的確に先取りするには、ふだんから社長の言動に関心を寄せ、コミュニケーションを密にしておくことです。よく繰り返す話、強調して言う言葉、口癖などは、社長が重視している事柄を表しています。表情やしぐさに注意していれば、どんな気持ちのとき、どのような表情をするかがわかるようになり、逆に、表情から感情を読み取れるようになります。

若い頃は誰でも、好意を持った相手には、このような心配りをしていたのではないでしょうか。このような気持ちを持つことが、「先取り力」を強化するコツです。

——社長が落ち込んだときこそ真価が問われる

社長も人間ですから、長い間には波があります。常にトップとして会社や社員を引っ張っていくことができればいいのですが、それが難しくなるときもあります。病気などでそうなることもあるし、精神的な要因があることもあります。

波が引いているときは、社長本人も苦しんでいます。こういうときこそ、両脇を抱えてくれる人が必要です。

ところが、支える人がいないばかりに、社長だけが苦しみ、会社も先細りになっていくという例がたくさんあります。私はそういう社長を何人も見ています。私自身が、「周りが脇を抱えてくれたら、もっとやれるのに」と思ったこともあります。

それをするのが社長夫人です。苦しいときこそ、社長夫人というパートナーが必要です。つまずいて転びそうになる二人三脚を、何とかこらえて元の姿に戻すのが社長夫人の役割です。

スポーツ・健康関連用品を販売している会社があります。社長が病気になって、入退院を繰り返しながら、何とか仕事をこなしてきましたが、体力がすごく落ちて先行きに不安を持っていました。業務の柱の一つに、顧問先の社員を対象とした健康と運動に関する教育・指導というコンサルティング業務があったのですが、体力がなくてできなくなった。どうしたらいいかとなったとき、社長夫人が決断しました。

「社長が元気になるまで、私が社長に代わって話をしよう」

おかげで社長は、1か月ほど治療に専念して健康を回復し仕事に復帰しました。

この社長夫人がみごとだなと思うのは、「男じゃないか」「夫じゃないか」「社長じゃないか」などとは、少しも考えなかったことです。ここが肝心なところです。

「とにかく、社長をゆっくり休ませたい。そのために私が頑張る」——。

そういう思いだけで、やってきたと言います。

その結果、社長から「君がパートナーでよかった」という言葉をもらったばかりでなく、社長の代役を務めることで、社長の考えや仕事ぶりがよく理解できるようになり、改めて社長の偉さがわかった、というオマケまで付いたそうです。

創業時の夢をある程度達成すると、会社経営の意欲を失い行き詰まる社長がいます。この厳しい時代に、「ある程度」とはいえ夢を達成するとはうらやましいことですが、その満足感と「一段落した」という気持ちが意欲を損なうのは理解できないことではありません。そういう社長はけっこういると思います。

しかし、会社は停滞を許されません。飽くなき成長を求められます。その一方で、社長が次の新しい目標、新しい夢をつくるのはなかなか難しい。そこに大きな悩み、ジレンマが生まれ、気持ちも下向きになります。

売上げ3億円を達成したところで、こんな状態に陥ってしまった社長がいます。ほぼ4年間、〝低空飛行〟が続きました。その社長夫人に感心したのは、その間、ひと言も「しっかりしてくださいとれ」「頑張って」などと口にしなかったことです。じっくり構えて立ち直りを待つつもりだったのでしょう。器量の大きさを感じます。

この社長夫人は、何もしないで、ただ待っていたわけではありません。社長が再起したときに備えて、将来の経営に役立つ資料をせっせとつくっていたのです。社長の気持ちが上向いたときに、それを見せたら社長は俄然やる気になった。「これから5億、10億、いや100億を目指そう」と意気軒昂に話すようになったそうです。

社長が意気消沈したときこそ、社長夫人の真価が問われます。社長のビジネスパートナーとしての力の見せ所でもあります。

社長とのコミュニケーションをもっと深めよう

——社長夫人のほうから仕事の話を持ちかける

「もっともっと社長とコミュニケーションをとってください。話し合ってください」——。

私は、講演などで必ずこう言います。皆さんの心に届いている気がしないので、いつも、何回繰り返しても言い足りない気持ちになります。

常日頃のコミュニケーションがいかに大事か。一つの例を紹介します。

社長が突然亡くなった建設会社があります。社長夫人は「秘書型」で給与計算や銀行へのお使いなどを担当していました。社長の死の直前に、ボーナスの話をしていたとき、社長が「○○から×月×日に1000万円もらうことになっている」と言ったことがあり、それをお葬式が済んでから思い出したのです。先方に問い合せると、最初はとぼけていたのですが良心が咎めたのか、「そういう約束があった」と言って払ってくれた。

社長はおそらく何気なく話したのでしょう。社長夫人も、特別なこととしてではなく、たまたま聞いて頭の隅に記憶していた。その一言が会社を救ったのです。社長が自分の腹に収めて、夫人に漏らさなかったら、知らないまま１０００万円をもらい損ねるところでした。

繰り返しますが、たまたま耳にした一言が救世主になったのです。

ふだんの会話は重要です。それも仕事の話をすること。社長は、往々にして仕事の話をしたがりません。社長夫人の存在、能力を認めていなければ、なおさらです。

だからこそ社長夫人のほうから、仕事の話を持ちかけてください。仕事に関係することなら、どんなことでもいい。どうということもない一言が、大きな意味を持つ可能性があります。そういう一言を逃さないためには、できるだけたくさん社長と話をすることが最良の手段です。

――二人で旅館にこもり経営計画書を作成する

社長と社長夫人が会話を増やし深めるためには、一緒にいる時間をできるだけたくさんとることです。一緒にいれば、自然に会話が生まれます。

ある社長夫婦は、外で会合などがあるときは必ず一緒に行きます。勉強会にも一緒に参加して、2次会に流れる前にホテルの部屋で合流して、勉強したこと、学んだことをお互いに話し合い、すり合せの作業をして、それが終わってから2次会に出る。それくらい歩調を合わせています。

経営者として、本当に実のある話し合いになると思いませんか。

毎年、年末に家族会議をして来年の目標や計画について話し合うケースもあります。月1回定期的に話し合いの場を設ける例もあります。

話し合いが必要と思ったときには、社長夫人のほうから申し出て時間をとってもらう。そのくらいの心構えでいいと思います。

大事なことを話すとき、多くのことをまとめて話すときには、ふだんとは違う特別な形で二人の時間をとるのも、一つの方法です。私の友人の社長夫妻は、経営計画書をつくるときには、必ず二人で旅館にこもって話し合うそうです。すてきな習慣です。

夫婦だけで旅行をして、そのときにいろいろ話し合うという社長夫妻もいます。

日常とは異なる空間と時間は、夫婦の関係をふだんより親密にするので話をする絶好の舞台となります。

――まずは感情的にならず論理的に話す

前に、社長の思いを受け止めることの大切さをお話ししました（28ページ）。

ふだんのコミュニケーションでも同じことです。社長夫人は、社長の話をまず受け入れる姿勢が必要です。それには、感情的にならないことがなにより大切。

社長に、無理なことを指示されたり、怒られたとき、いきなり反発して、感情をそのまま顔に出したり、口にしないことです。

とりあえず社長の言葉を受け止めて、いったん「間」をとり感情が鎮まる時間をとりましょう。そして、「なぜ、社長は怒ったのか」「なぜ、社長は、あんなことを言ったのか」をじっくり考えてください。

ダムにたとえると、水（社長の思い）が貯まりに貯まって、あふれた分が社長の言葉です。あふれた水は見えますが、ダムに貯まった水は見えにくいもの。そこに思いを馳せてください。

話をする場合にも、感情的にならず、筋道の通る話し方を心がけましょう。

「妻が、きちんと論理的に話ができるようになってほしい」――。

私がお手伝いをする会社の社長からは、こんな希望がよく出ます。

実際、感情まるだしで言葉をたたみかけるように話す社長夫人が多い。手短に結論を言うだけの人、言葉は多いのにポイントがずれている人、話が支離滅裂な人もいます。

論理的に話ができないと、社長と仕事について話をするのはむずかしい。会社をどう経営するか、改善するかは、論理的な考えによって明確になるからです。

社員に何かを指示するとき、スジが通った話をしないと、正確に伝わらず混乱させたり、誤解を生んだりします。取引先や顧客、税理士、会計士、銀行などとの会話にも支障が出ます。

論理的に話すには、いくつかのコツがあります。「感情的にならない」ことを大前提としたうえで、もっとも基本的なポイントを3つだけあげます。

・話す内容を整理して簡潔にまとめる

口に出す前に、話すことを整理し、まとめる癖をつけます。

整理の方法は、「何がどうした」「何をどうする」という簡潔な形にまとめることです。「もし~ならば」「できれば」などといった前提や条件などを入れずに、要点だけをズバッと話せるように整理するのです。

・理由や根拠を必ず話す

結論を話したあとに、その結論を出した理由や根拠をつけ加えます。「その理由は何々です」「なぜなら何々だからです」という話し方になります。理由がいくつもあれば、「第一の理由は何々、第二の理由は何々、第三の理由は何々」というふうに列挙します。

このように、まず結論を簡潔に話し、そのあとに、そう考えた理由を加えれば、それだけで話は論理的に展開します。

たとえば、次のようになります。

「営業部は、週の初めに売掛金の回収計画を必ず経理部に報告するようお願いします。第一に資金繰りの計画をきちんと立てるため、第二にお金の流れを正確に把握するため、第三に経営の健全化を図るためです」

・言葉を知ること

昔、作家の林芙美子が劇中の主人公になった映画を見た時に、本を書くには一つのことを表現するのに最低13の言葉を知らなければいけないというセリフが未だ記憶にあります。説得力のある話をするには言葉を知ることと、言葉にこだわることが大切だと思います。

＊　＊　＊

論理的に話すためのテクニックはいろいろありますが、この3点を常に意識して話すだけでも筋道の通る、相手にわかりやすい話し方になります。

社長夫人だからこそ年齢に関係なく重要な仕事ができる。こんな幸せはありません。

児玉悦子さん（61歳）
株式会社データ・マックス
［経営情報サポート業］
取締役総務部長

基礎データ

夫で社長の直氏（57歳）が1994年に設立。企業の信用調査を中心に経営情報誌発行、広告、出版、ネットビジネスなどを手がける。従業員は30名。年商は３億6000万～３億7000万円。本社は福岡市。

社長夫人の宿命を自覚して、自分の役割と使命とは何かを考えたとき、まず会社の職務分掌規定を見ました。そこには、総務部長とは経営計画の立案、実行のチェックを担うポストだと書かれていました。

こんなに重要な仕事があるのに、自分はできていない。たまたま経営者の妻だから役職をもらっているだけで、それにふさわしい仕事をしてこなかった。私の役割を教えてくれる人もいなかったし、自分に甘さもあってラクをしてきた。そう感じました。

会社をさらに伸ばすために、まず私が変わろ

う と決心したとき、各部門のリーダーを呼んで、「私は今日から勉強して変わります。いままでやっていない仕事もありましたから、これをびしびしやります」と宣言しました。

社員とのコミュニケーションを密にすることから始めました。リーダーたちとは会って話をする時間がとれないので、毎日、メールを出しました。決まりごとが守られているかどうかをチェックするための「確認ノート」をつくって配り、活用してもらうこともしました。

レポートの提出などが遅れれば、遅れを指摘したり、遅れの理由を聞いたり、決めた期日に出すようしつこく指示したり…。「決めたことはきちんとやる」体質に変えていこうと思ったのです。社員には煙たがられるでしょうけど、「会社をよくするためだから」と割り切ってやりました。

もともと人前では話さないほうでしたが、経営会議に参加するようになってからは、自分の意見を言ったり議論したりする機会も増えました。そういう中で、去年の株主総会で「取締役」をいただき、経営方針についての議論や立案にも関わるようになっています。

これまでは、営業の仕事にはタッチしなかったのですが、今では、計画の立て方など基本的な事柄についてアドバイスをしています。

正直に言うと仕事が増えて大変ですけど、先に楽しみがあるので充実しています。社長夫人だからこそ、この年齢でも重要な仕事ができる。こんな幸せなことはありません。

いまのところは倒れない程度に利益が出ていれば「よし」として、焦っていません。じっくりと上り坂になっていけばいいと思っています。

社長を助けたければ、ときに辛口のパートナーとなる

――苦言を呈するときはことさら冷静に

社長がした間違いを指摘するとき、社長に頼みごとをするとき、社長と意見が対立したとき、社長には耳の痛い報告をするとき、社長夫人はどのような態度をとるか、どのように話すかは、なかなか難しいところです。

できれば避けたいところですが、ビジネスパートナーとして必要なことはきちんと話さなくてはなりません。社長を助けたい、社長の役に立ちたいという思いが本物であれば、苦言を呈することをためらってはいけません。

そのようなときには、いたずらに社長を怒らせたり、反発されたりしない工夫が必要です。

第一に、前にもお話ししたように感情的にならないことです。

何かでしくじったとき、社長夫人から「あれはおかしいですよ!」と感情を露わにして言わ

れたら、社長はどう感じるでしょうか。間違ったことは社長自身も気づいているし、「まずかったかな」と感じているはず。反省しかかっているときに、ズバリと痛いところをつかれる。これでは、「うるさい！」となるのは目に見えています。

冷静に言葉をかければ、こういう反応は避けられるはずです。

――言葉を選び、対策を考えて話す

たとえば、資金繰りがうまくいかなくて、資金が足りなくなった場合――。

「社長、お金が足りませんよ！」

「もう少し売上げを上げてもらわないと困ります！」

これでは、社長を責めているように聞こえます。社長の怒りを買っても仕方がない言い方です。

言葉を選びましょう。同時に、一歩踏み込んだ説明をすることも大切です。次のような言い方なら、どうでしょう。

「今月、○○円の支払いがあります。今の予定からすれば、これだけの収入予定があるんですけど、あと××円不足します」

このあとに続ける言葉も、「何とかならないでしょうか」よりは、「どうしたらよいでしょうか」とすれば、同じように「お金が足りない」と訴えるのでも、印象がずいぶん違います。

できれば、もう一歩進めて、自分で対策、解決策を考えて話します。

「この売掛金が滞っているから、これを回収してもらえばなんとかなりそうです」

「このあたりでもう少し売上げをアップしてもらえると、ラクになります」

「定期預金を取り崩して、穴埋めをしましょうか」

「どうしても無理なら、銀行から借り入れましょうか」

自分なりの考えを示して、社長に投げかけるのです。これなら、社長も真剣に受け止め、対策を講じようという気になるのではないでしょうか。

言葉遣いは、心の表れです。社長を責めるような口調になるのは、社長夫人が、

「資金繰りのことは自分ではなく、社長の責任」

「社長のやり方が悪いから、こんなことになっている」

と思っているからです。それが無意識に言葉に出てしまうのです。本質的な問題は、言葉遣いではなく、この身勝手さ、無責任さにあります。社長との共有という部分がしっかりしていれば、自然に言葉遣いに表れるものです。

――納得できないことは率直に聞いてみる

社長の話ややり方で、納得できないこと、理解できないことがあったら、率直に聞いてみるといいと思います。

質問の仕方には、いくつかのテクニックがあります。

・具体的な例を聞く

「たとえば、それはどういうことですか」

「実際に、どのような例がありますか」

・意味を聞く

「どういう意味で、そういうことを言われたんですか」

「それは、どういう意味なのでしょう」

・理由を聞く

「どうして、あのとき、あんなに激怒されたんですか」

「こういうことをされるのは、なぜでしょうか」

・自分なりの解釈をぶつける

「こういうふうに解釈していいんですか」

「それは、つまり、こういうことですか」

質問の前に、「自分で少し考えてみたけど、わからないので」「専門知識がないので」「経験が浅いので」「よく聞き取れなかったので」などという前置きをすると、社長が質問を受け入れ、答えやすくなります。

質問と応答という言葉のキャッチボールを繰り返すほどに、コミュニケーションがだんだん密になり濃くなってきて、お互いに相手に対する理解が深まります。表面に出ている内容や感情から裏にあるものがわかるようになります。

このキャッチボールが成立するには、社長と社長夫人が良好な関係を結んでいることが条件です。この条件がないと、質問は詰問や尋問になって相手を追い詰めるように働き、返ってくるのは「こんなこともわからないのか」「自分で考えろ」といったきつい言葉になります。この点の見極めが必要です。

社長自身も変わる努力が必要

——社長夫人の成長を認めるだけの度量を持つ

ここまで、主として社長夫人の心構え、社長夫人のすべきことについてお話ししてきました。社長夫人の中には、

「なぜ、社長夫人ばかりがこんなにしなくてはいけないのか」

「いくら勉強しても、社長が変わらないと何もできない」

などという感想を持つ人がいるかも知れません。

もちろん、社長夫人がいくら変わっても、いくら成長しても、社長がそれを受け入れないのでは何にもなりません。社長夫人とともに社長も変わる会社ほど、成果が早く出ます。数年の間に目に見えて組織風土がよくなったり、社長が率先して改革に取り組んだり、業績も好転しています。それは数字としてはっきりと出ます。

中には、社長夫人の成長や変化を好ましく思わない社長もいます。「生意気になった」「でしゃばるのは困る」などと嫌ったり、煙たがったりする。自分が「お山の大将」でやってきたところへ、別の実力者が出てくるのはおもしろくないかも知れません。

けれど、社長夫人は、なにも社長に代わってトップになろうとしているわけではありません。社長を助けて、盛り立てたいと思っているのです。それがわからない社長は器が小さい。社長夫人の成長を認めるだけの度量がないのです。はっきり言えば、このような社長は、そこまでです。会社が変わることも期待できないし、これから伸びることもないでしょう。そう判断していい、と私は考えています。

実力がまだでも努力や意欲を認める

ある会社の社長夫人は、いつも何かイライラしていて、頭のてっぺんから出るような声で話します。いろいろ話を聞いてみると、「社長が、私の話をまったく受けつけない。聞く耳を持ってくれない」と言います。それで、いつもカリカリしている。社長に何か言うときも、きつい口調でキリキリとした物言いになる。あとで反省するのですが、社長の前だとついつい感情的になってしまうと言います。会社での気まずさがプライベートにも影響して、夫婦仲も次第に悪化していく気配でした。

この社長夫人は、よく勉強する人です。わだかまりがあって、学んだことをなかなか実際の言動に落とし込むことができていないのですが、努力は人並み以上にしている。意欲もある。そこのところを社長が認めてあげれば、夫人はこれほど悩まなくてすみます。夫婦仲も変わります。

たとえ実力がついていなくても、努力や意欲だけでも認めて、社長夫人を受け入れてください。社長夫人の言うことに、真摯に耳を傾けてください。そうすれば、社長夫人は一皮むけます。頼りになるパートナーに成長します。

会社がうまく行かなくなったとき、社員との間がギクシャクしたとき、あるいは精神的に落ち込んだとき、社長にとって「一番の味方は社長夫人」であることがよくわかります。悪い状況になってはじめて、社長夫人の存在に目が行くというのは少々嘆かわしい気もしますが、それでも社長夫人のありがたさに気づかないよりはましです。一番身近にいる人が、一番の味方です。灯台もと暗し、もっとも戦力となる存在はすぐそばにいます。社長夫人は、何もしなくても、精神的な支えになります。社長は、それを信じるべきです。

――「社長の威信」を捨て、もっと自分を出す

ある会社の社長は、応接室で私と話しているときは、すごく穏やかな印象です。にこやかで目尻も下がっています。ところが、応接室から事務所に出ると、とたんに目がつり上がって、とても厳しく険しい顔つきになって、人を寄せつけない雰囲気を漂わせていました。

私には、この極端な変わりようが不思議でしたから、社長に聞きました。

「なぜ私と話しているときと、事務所にいるときとで、表情がそんなに違うんですか」――。

社長を責めるつもりはなかったのですが、社長にとっては予想外の質問だったらしく、とてもショックを受けたようでした。それほどの違いを自分では気づいていなかったのでしょう。

それから1か月あとで会ったら、「あの一言は応えました」と、ややややつれたような様子でした。

同じような社長は多く見受けます。社員に対してきつい表情をして、まるで社員を敵対視しているような雰囲気を漂わせています。社員と戦っているかのようです。

その気持ちはよくわかります。長い間経営をやってきて、業績が思うように上がらないため、社員に対して不信感を抱いているのです。それが高じて信頼する社員が育っていない。

本人としては、威厳を見せて、社長という地位や存在をアピールしているつもりなのでしょう。私に言わせれば、「そんなに無理をしなくても、よいではありませんか」「そんなに表面を取り繕わなくても大丈夫ですよ」ということです。

言い換えれば、「もっとすなおに自分を出したらいかがですか」ということです。穏和な性格、善良な人間性は社長業にマイナスではありません。社員は、そういう社長だからついてくるということだってあります。

それに社員は、いくら社長がしかつめらしい顔をしていても、うわべにだまされずに、本質がわかっているものです。そこに気がつかないで、社長だけが「社長の威信」という鎧を着て肩肘張っている。滑稽ではありませんか。

相手が自分の妻、つまり社長夫人なら、なおさらです。これまでの夫婦としての生活のなかで、社長夫人は社長の根本をすっかり見抜き理解しています。いまさら、社長のパフォーマンスに惑わされることはありません。社長は、社長夫人に自分の本当の姿をさらけ出してください。それでこそ、不自然な虚飾にとらわれない、本音のコミュニケーションができます。

言葉を使って自分を伝える努力をする

「いちいち言わないとわからんのか！」——。

これ、典型的な社長の口癖ではないでしょうか。そう言われたら、私だったら、こう切り替えします。

「はい、ほんとに、その通りです。いちいち言ってもらわないと、わかりません」

実際にこんなことを社長に言えば、さらに怒声が飛んでくるでしょう。

けれども、私の言葉は真実です。自分のことを理解してもらおうと思ったら、言葉を使って伝える努力が必要です。これは、コミュニケーションの基本です。その努力をしないで、「自分のことをわかれ、理解しろ」と言うのは思い上がりです。気に入らないことがあって怒ったら、ただ怒鳴るだけに終わらせず、「なぜ、怒っているのか」をきちんと伝えてください。

どの社長も言葉が足りないように見えます。どんなことでも、言葉にして相手に伝える努力をして欲しいと思います。

3章

社長夫人の役割は内部のブランドづくり

社長夫人の役割は内部のブランドづくりである

——「守りの経営」を軽んじている会社が多い

経営には「攻めの経営」と「守りの経営」があります。それぞれを「外部のブランドづくり」「内部のブランドづくり」と呼ぶこともあります。

この両輪こそが、中小企業の経営基盤を強化するのですが、今までは、売上げ・利益志向に重きを置き、「守りの経営」を軽んじてきたばかりに、バブルが崩壊するとともに、経営基盤が崩れてしまったのです。

今、経営者は、めまぐるしく変化する厳しい経営環境の中で、本業に不安や迷いを感じながら、どのようにして、この現状を打開するかを模索しています。経営者は立ち止まることも、甘えも許されません。「もう、これでいい」と思ったら企業の成長は止まってしまうのです。

私が「社長夫人の戦力化」を考えた一つの原因は、ある社長が、過去の成功体験にとらわれすぎたばかりに、現在の経営環境の変化に対応できていないことがあります。

旧態依然の営業スタイルを続けているために、毎年売上げが減少し、借り入れは増加するばかり。何とか打開しようとするけれど、精神力も体力もついていけずに苦しんでいる。その姿を見て、社長の方針が見えるまで、社員とともに何とか会社を存続させようと考えたときに、「ボトムアップによる企業活性化の体系図」（次ページ参照）が生まれたのです。

「攻めの経営」とは、理念や方針・戦略を明確にし、具体的に行動し利益を上げることです。理念や方針なき経営は、「我流の経営」にすぎませんから、いずれ行き詰まります。

その「攻めの経営」の実現をバックアップするのが「守りの経営」です。

「守りの経営」の柱は、「人材の育成」「財務の業績管理」「効率的で、働きやすい経営環境の整備」「社員のやる気とやりがいを喚起させる人事制度」のことを言います。この条件が整ったときにしっかりとした会社ができます。

しかし、このような仕組みづくりは、とても覚悟と根気のいる仕事です。果たして中小企業にそれを実行できる力を持つナンバー2的な人材がいるだろうか——。そう思ったときに、人生の伴侶であり、いざというときには共にリスクを背負わなければならない社長夫人にビジネスパートナーとして、表舞台に出ていただくことを思い立ったのです。

企業活性化の体系図
画 型 ）

のライフプランの実現】

「守りの経営」

仕組みづくり

1. 人材の育成

①ナンバー2の育成
②社長夫人の戦力化
③幹部社員の育成
④一般社員のレベルアップ

意見の吸収

2. 業績管理

(1) 制度会計
自計化・日次決算の実現
早期月次決算の実現
(2) 管理会計
経営に役立つ資料作りと活用
(3) キャッシュフロー経営への転換
(4) 計数管理は人材育成に必要

3. 経営環境の整備（業務の効率化）

(1) 業務のフローチャート作成
(2) 業務のマニュアル化
(3) 職務分担の明確化
(4) OA化
(5) その他の業務改善

4. 人事制度

(1) 機能的な組織の構築
(2) 適材適所による人材の採用と配置
(3) 階層別･職種別キャリアアップ制度
(4) 就業規則の作成
(5) 職務規律の明確化
(6) 成果主義を導入した賃金制度
(7) 能力開発を目的とした人事考課
(8) その他人事制度の改善

幹部社員・一般社員

の確立

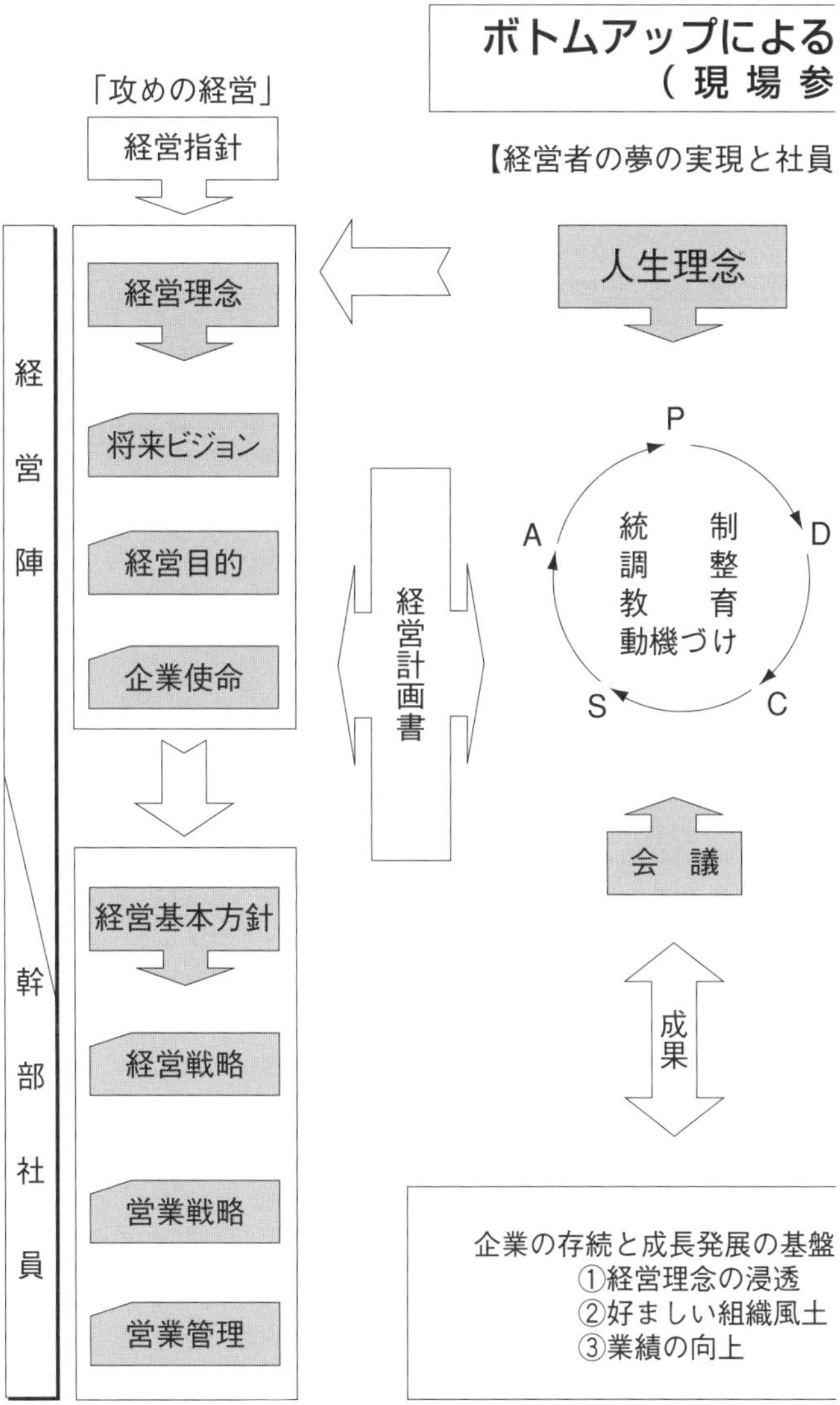
ボトムアップによる
（現場参
「攻めの経営」
経営指針
【経営者の夢の実現と社員
人生理念
経営理念
将来ビジョン
経営目的
企業使命
経営陣
幹部社員
経営計画書
P
D
C
S
A
統制
調整
教育
動機づけ
会議
成果
経営基本方針
経営戦略
営業戦略
営業管理
企業の存続と成長発展の基盤
①経営理念の浸透
②好ましい組織風土
③業績の向上

社長は攻め、社長夫人は守りを固める

会社経営では、社長は「攻めの経営」を担い、社長夫人は「守りの経営」に取り組むという役割分担が必要です。

「攻めの経営」と「守りの経営」が、それぞれがどんな位置・関係にあり、実際の仕事がどのようなものかを見てみましょう。

「ボトムアップによる企業活性化の体系図」を見てください。会社経営の全体像を1枚の図に集約しています。

タイトルのすぐ下に、「経営者の夢の実現と社員のライフプランの実現」とあります。どの会社にとっても、これが会社経営の目標です。社長は、会社を起こしたときに夢を持っていたはずです。その夢を実現することが第一の目標ですが、それだけでは不十分です。企業活動が成り立つには社員の力が必要ですから、「社員のライフプランの実現」も「社長の夢の実現」と同じ重みを持つ目標として掲げたのです。

「会社のために」と言っても、社員のモチベーションは上がりません。「力を貸してくれれば、あなた達の人生も価値あるものになります」「一生懸命に仕事をすれば、あなた自身の人生設計も実現します」ということがあって、初めて「頑張ろう」という気になります。それを本気

で考えていない会社は挫折します。

会社の経営指針（図の左側）を会議などによって社内に浸透させ、それに沿った形で社内の仕組みづくり（図の右側）を進めていく。これが企業活動の基本であり、会社経営の基本です。こうして全体がうまく回っていくと、その結果として、「企業の存続と成長発展の基盤の確立」（図中央下）ができ、それによって当初の目標である「経営者の夢の実現と社員のライフプランの実現」が実現するのです。

この図の左側が「攻めの経営」あるいは外部のブランドづくりで、ここが社長の仕事です。図の右側は「守りの経営」、いわば内部のブランドづくりで、この部分が社長夫人の役割です。

攻めの経営の基本は、しっかりした「経営指針」を立てることです。経営指針は、まず経営理念をつくり、それにもとづいて具体的な経営基本方針（経営戦略・営業戦略・営業管理）が出てきます。これらを整理して文書にしたのが経営計画書です。

会社の経営はすべて、この経営計画書にもとづいて決定し実行するのが原則です。ところが、実際には、社長自身が経営計画書を無視して、そのときどきの思いつきで判断したり決定したりしています。ここはぜひ改善したいところです。

ここまでが社長の仕事です。

社長夫人が受け持つ4つの仕事

経営計画書を実現するのは社内組織です。その体制をきちんとつくる。これが図の右側の「仕組みづくり」としてまとめてある部分です。この仕事には「人材の育成」「業績管理」「経営環境の整備」「人事制度」の4つの柱があります。これらが「守りの経営」として、社長夫人が担当する仕事です。簡単に紹介します。

・人材の育成

幹部社員を育成し、一般社員をレベルアップすることです。大きな意味では、社長夫人の戦力化も、ここに含まれます。くわしくは6章でお話しします。

・業績管理

要するに、お金の出入りをどう管理するかということです。経理をまかされている社長夫人は多いと思いますが、日常の入出金処理以外に、月次決算処理のスピード化、経営に役立つ資料づくりへの取り組みが必要です。4章でとりあげます。

・経営環境の整備

一口に言えば、「業務の効率化」です。仕事の流れを整理し、効率よく仕事ができるような仕組みにすること。社員ごとの役割分担を明確にすることも重要です。要点は、5章で触れることにします。

・人事制度

社員に関する制度をどうするかということです。社員の採用や適材適所の配置、就業規則や社内ルールの作成や整備など、基本的な内容に加えて、評価のシステム、さらに賃金体系の確立などもあります。

大まかに言って、以上の4つが社長夫人の仕事です。かなり幅広く、しかも高度な仕事です。

社長夫人の皆さん、いかがですか。「とても私には無理」と思う人が多いと思いますが、何も最初からすべてに手をつける必要はありません。社内体制の状態、最優先の課題、不足部分などは会社によって異なります。

社長といっしょに4つの仕事という観点から分析して、会社にとってもっとも必要なことを見つけて、それを優先課題として取りかかればいいのです。取り組みの成果が出るまでには時間がかかります。じっくり取り組み、一つひとつ実現していきましょう。

――売上げ至上主義を捨てると展望が開ける

課題がわかったら、できるだけ早く取り組むことが大切です。

たとえば、サービス残業が多いという問題があるとします。サービス残業は社員のやる気をそぐうえに、疲労やストレスをためることにもなります。社長も、サービス残業が売上げや利益を伸ばすとは思っていない。むしろ弊害のあることは感じています。もっと成果を上げるためには、サービス残業など止めて、時間どおりに退社し規定どおりの給与を払うほうがいいと頭ではわかっているのです。しかし、長い間その体質が染み付いていて、社員が残業しないで早く帰ると不安になるのです。

逆説的に言えば、「サービス」ではなく、就業規則どおりに残業手当を払っていれば、もっと早く業務改善は進んだのではないでしょうか。残業が人件費を増加させ利益を減少させることがはっきりわかるからです。

業務改善への取り組みが弱い理由の一つは、ずっと売上げ至上主義でやってきて、社内組織のあり方に目が向いていないためです。「売上げさえ伸ばせば、すべてよし」というやり方のツケが回っているのです。

数字もきちんと管理してこなかった、人材も育てていない——。業務改善というのは社長にとっていちばん面倒くさい部分です。なかでも人事制度は関心が薄いし、改善の意欲もないのがふつうです。人事制度のどこをどう改善すべきかもわかっていません。

そのせいで、「仕組みづくり」の中では、人事制度の改善がもっとも遅くなります。人事制度に手をつけるまでに、かなりの期間がかかります。

サービス残業は、このもっとやっかいな人事制度のあり方の問題です。就業規則がきちんとできていて、職務上の役割と責任分担が明確になっていて、それを守っていこうという組織風土があれば、そもそもサービス残業の問題など起こらないはずです。

ところが、中小企業の中には就業規則のない会社があります。一応あっても、社員に示していない、守っていないなど「絵に描いたモチ」になっているところもあります。まず就業規則を作ったり、その厳守を徹底することが必要です。これ自体は、それほどむずかしい問題ではありません。要は、社長の決断一つです。極端に言えば、「残業代をきちんと払うことにする」と宣言すればいいのです。

社長の決断、社長の一言で、社内のあり方がすぐに改善できるところが中小企業のよさです。社長は、これまでおろそかにしてきた「守りの経営」「内部のブランドづくり」に取り組む決意をしていただきたい。そして、その仕事を社長夫人にまかせ、自分は社長夫人をサポートする覚悟を決めていただきたいと思います。

社長夫人は組織人としてふるまう

「社長の妻」という意識を捨てる

社長夫人が経営陣の一人として内部のブランドづくりに取り組む場合、心得なくてはいけないのは、「私は社長の妻である」という意識を捨てることです。

「社長の妻」意識があると、甘えが出ます。一般の社員なら許されないことでも許されるのが社長夫人という立場です。そのことに気づかないか、気づいてもそれを「よし」とすれば、仕事に向かう姿勢がどうしても甘くなります。

社長に対する態度も、いわゆる「女房面」の要素が濃くなります。会社にいるのについ「あなた」「ちょっと」などと呼びかける。家庭と同じようにぞんざいな口調でものを言う。子どものことなどプライベートなことを会社で相談する。夫婦としての感情（夫への不満など）を露骨に出すなど、「公」の場にいるのに「私」を出してしまう。社長もやりにくいし、社長夫

人に対する社員の評価も低くなります。そのような社長夫人のふるまいを許している社長に批判の矛先が向く心配もあります。

「社長の妻」意識を捨てるということは、組織人になるということです。会社という組織の一員として、しかも社員の上に立つ経営陣の一員としての自覚を持つこと、そして、そのようにふるまうことです。一歩会社に入ったら、「社長の妻」から肩書きのある会社人間に変身するのです。

――肩書きをもらい肩書きに恥じない働きをする

組織人にとっては肩書き、役職が重要です。社長なら「代表取締役社長」ですし、社員なら「部長」「課長」「主任」など、幹部社員なら「専務」「常務」などの肩書きを持っています。

社長夫人から、「どんな肩書きをもらったらいいでしょうか」という質問を受けることがよくあります。

「社長と相談して了解をもらったうえで、取締役専務という肩書きをもらってください」というのが私の答えです。

「取締役専務」は、一般に、社長を補佐して会社の業務執行を行なう人を意味します。「専務取締役」ということもあります。ナンバー2としての社長夫人にもっともふさわしい肩書きだと思いませんか。

すでに専務がいる場合、あるいは社長が考える他の肩書きがある場合には、そのような肩書きになるでしょう。「常務取締役」「総務部長」「経理部長」などといったものが多いようです。

会社では、どんな肩書きでも、それなりの責任が伴います。肩書きにふさわしい仕事をすることが求められます。

専務なのに「秘書型」の仕事をしているようでは専務失格です。通常なら降格です。それだけの実力がなければ、肩書きに恥じない力をつけるよう努力することです。

専務らしい仕事をしていないのに専務と呼べ、というのは僭越です。まず、自分の仕事ぶりを反省してもらいたいと思います。肩書きにふさわしい仕事をきちんとしていれば、自然に肩書きで呼ばれるようになるものです。肩書きで呼ばれるかどうかは、自分の仕事ぶりをチェックする基準にもなります。

これまでの習慣で肩書きで呼んでもらえない場合は、自分のほうから「肩書きで呼んで欲しい」と申し出てはどうでしょう。これは、「私は肩書きにふさわしい仕事をします」と社員に宣言することにもなります。

社長夫人の呼び方や対し方についても、社長も注意してください。社員の模範となるべき社長が、社長夫人を肩書きで呼ばずに、「おい」「母さん」などと呼ぶようでは困ります。社長が「自分の妻」意識を持っていること、そのように扱っていることをアピールしているようなものです。社長夫人をビジネスパートナーと思うなら、肩書きで呼ぶべきです。

肩書きをもらうことは、それだけの覚悟が必要です。

自分自身に組織人として、社長のビジネスパートナーとしての覚悟と自覚を促すためにも、肩書きをもらうことです。

肩書きをもらったら、肩書き入りの名刺を作りましょう。名刺を持つことは、自分が会社という公的な組織の一員であることを宣言することを意味します。それによって、会社の経営陣としての自覚ができます。

組織の人間として働くことは、会社にいるときは100%、自分の仕事にかかりきりになることを意味します。

仕事の時間は100%仕事に集中する

出社してから家庭に連絡をとったり、近くの自宅に何度も帰ったりすることは、子どもの病気など特別な場合以外は避けます。公私混同をしないことが大切です。

たとえフルタイムではなく、1日に数時間しか出社しない場合でも、会社にいる間は仕事に集中しましょう。

社長夫人がこのように働くためには、それを可能にする環境が必要です。その配慮をするのは社長の役割です。

社長夫人の悩みとして、よく聞くのが、「社内での立場があいまい」「社長の妻と専務、ときによって扱いが変わる」「便利屋的に使われる」といったことです。肩書きをもらっても、これではまともに仕事をするのはむずかしい。社長は、社内では社長夫人を肩書きで呼び、肩書きにふさわしい仕事を与えてください。ビジネスパートナーから、右のような悩みや不満が出ないようにしてもらいたいと思います。

4章

会社の未来に向けて 財務能力を身につける

「経理」にしがみつかず「財務」に取り組む

——社長夫人は経理をしてはいけない

「計数管理に強くなる」と言うと、「経理を担当する」「帳簿をつける」といったことを考えがちですが、私は、「社長夫人は経理をしてはいけない」と言っています。社長夫人がすべきなのは経理ではなく、財務です。

経理と財務——。どこが、どう違うのでしょうか。

経理とは、企業活動で発生した日々の取引きの処理をすることです。販売や仕入れの取引きがあれば、その処理をする。現金、預金の出入りがあれば、その処理をする。支払った経費の処理をする。要するに、取引きの後処理です。

一方、財務は、企業活動で得た利益（資金）をどう有効に運用するか、企業活動に必要な資金をどう調達するかを考え管理することです。

経理が過去の処理だとすれば、財務は現状を踏まえて未来に向かう仕事です。過去のことは資料もあるし、お金も動いているので処理は容易です。半ば機械的な作業で誰にでもできますから、経理担当の社員にまかせるのが適切です。

社長夫人は、将来に向けて、社長の理念やビジョンをどう実現していくか、そのために資金をどう活用していくかという経営に直結した仕事をすべきです。経営者の視点から、損益計算書や貸借対照表、キャッシュフロー計算書などを読み込み分析して、経営に役立つ資料をつくったり、社長に提案したりする。これこそが社長夫人の役割です。

社長夫人の皆さん、経理の仕事にしがみついていませんか。経理担当で満足していませんか。それは社長夫人の仕事ではありません。

社長夫人が経理を担当することには弊害もあります。

経理は毎日の取引きをその日のうちに処理するのが原則ですが、多くの経理担当社長夫人はそうしていません。処理が遅れます。

自分一人ですべてを握っていて、しかも自分流で勝手にやっているので標準化できないこともマイナスです。社員に引き継ぎができないし、第三者が理解できるような処理内容にもなっていない。社員にまかせて、きちんと指示をすれば、このようなことはないでしょう。社長夫人は、本来の仕事に労力をかけてください。

――我流を捨て基本をきちんと学ぶ

これから知識や技能を学ぼうとしている社長夫人の皆さんに、ぜひ心がけていただきたいことがあります。それは「基本をきちんと学ぶ」ということです。

基本を無視したり、中途半端な知識のまま我流に走るのは止めましょう。社長が我流の経営をしてきたことが多くの中小企業の危機を招いた、と私は考えています。我流では必ず行き詰まります。それは私自身も体験しています。

私は、ユニフォームをつくる会社を経営していた時期があります。洋服をつくるには原型が必要ですが、その基本を勉強していなかったので、製図するのにとても苦労しました。

たとえば、ダーツをどう入れたらきれいなシルエットができるのか、襟はどのくらい傾斜させたらいいのか――。スタイルブックを開いて、似たシルエットのものを探し、それをまねて製図しなくてはなりませんでした。そのつど悩みました。面倒だし、頭に描いたとおりできるか不安も大きい。見よう見まねなので、何度やっても同じことの繰り返しで、応用も利きません。基本がいかに大切かを実感したのです。

会社の経営は、洋服の原型づくりに比べて、はるかに複雑で高度な内容です。自分たちばかりでなく、社員の生活も左右するのですから、安易な気持ちで取り組むことはできないはずで道なのです。

す。面倒でも基本を学ぶ。我流に走らない。それが結局のところ、知識や技術を身につける早

学んだ知識を現場に落とし込む

経営の知識や方法など、学んだことは自分の会社という現場で応用できないとムダになります。実はこれがいちばん難しい。理屈として頭で理解できても、自分の会社のこととして応用できない。知識が単なる知識のままで終わっているのです。

まじめに勉強している人ほど、こういう傾向があります。知識として学ぶだけで頭でっかちになっている。頭の中でだけわかっているけれども、実際には何もできない。わかっているつもりになって勘違いしているのです。

こういう人を見ると、「あなたは勉強し過ぎよ」と私は言います。

会社という現場で手取り足取り教えてくれる人はいません。学んだことを現場に落とし込めるかどうかは自分自身の問題です。自分の力で何とかしないといけない作業です。

必要なのは使命感です。「社長をなんとか助けたい」「会社をよくしたい」「社員にいい暮らしをさせたい」という思いです。これが知識を現場に活かそうとする動機になります。社長のビジネスパートナーを目指した使命感に立ち返って努力することです。

まずは会社の数字に強くなる

——経営は入口が数字で、出口も数字

売上げや利益、各種の経費、預金などの資産、これら会社の経営はすべて数字で表されます。数字を見れば、その会社がどのように経営されているのか明確にわかります。ごまかしようがないものです。

入り口が数字で、出口も数字です。数字によって示される努力目標や問題の発生が入り口で、努力や改善の成果、つまり出口も数字で出てきます。その間にあるのが、経営活動、企業活動です。

経営内容がよくなれば必ず数字に表れます。いくら努力しても数字に反映されなければ、今のやり方に何か問題があるということです。

会社に関わるすべてのことを数値化して考えましょう。商品開発力、商品力、販売力などはもちろん、人材育成についても数字を指標として考える。会社経営には絶対に必要なことです。

会社が変われば、数字も変わります。数字には、ドラマがあるのです。

社長の経営理念という抽象的なものさえ、数字を見ればわかります。

以前に、創業以来10年間、創業の出資者に毎年１割の配当を払い続けてきた社長の話を紹介しました。それだけの配当を払うには、どれくらいの利益が必要か、その利益を出すには、どれほどの売上げを上げなくてはいけないのか、どれだけムダな経費を削ってきたのか、それを10年間続けることがいかに大変だったか――。毎年の決算書を見れば、社長の努力の跡がはっきりわかります。また、どのような理念をもって経営を続けてきたのかもわかってきます。

社長夫人の皆さんが、決算書が読めるようになる、数字がわかるようになるということは、社長をより深く理解することにつながるのです。

――数字から将来の希望が見える

年商２億７０００万円の会社があります。バブルのときの投資と、その後に発生した大きな欠損のため、約２億１０００万円の未処分損失があり、１５０％他人資本でまかなわれています。

第一の課題は、約２億１０００万円の赤字を１円でも黒字にすることでした。そこで、思い切って赤字部門を縮小して二つの部門だけにし、本業に特化した結果、16年度の決算では経常利益が１１００万円となり、黒字転換することができました。

次期から経常利益を毎年５００万円ずつ上乗せしていって、来期１５００万、次が２０００万円、次々が２５００万円という形で伸ばしていければ、7年後の利益は５０００万円となり、累計で2億６０００万円となって未処分損失を消すことができます。その間、借入金の返済もしていけば支払利息も減少し、経常利益率のアップも見込まれます。

経常利益額が５０００万円ということは、売上高経常利益率を5%とすると10億円の売上げが必要だということです（５０００万円÷０・０５）。一口に10億円といっても並大抵ではありませんが、「攻めの経営」と「守りの経営」を一体化させれば、必ず実現できると考えています。

このように計数管理をすることで将来の見通しが立ちます。この目標をクリアできるかどうかは、これからの社長や社長夫人がどういう経営をしていくか、社員が社長の思いにどう応えていくかにかかっています。

ただ悩んでいたり、精神主義で頑張ろうというのではなく、数字で目標やプロセスを明確にすれば、それを達成しようという強いモチベーションが生まれます。やみくもに「とにかく売上げを伸ばせ」と尻を叩くより、「毎年○%伸ばせば△年後にはこうなる」と将来像を示すほうが希望が持てるし、やる気も出ます。「計算で出た数字」ということから、将来に対する確信も持てるでしょう。

会社の数字は意思統一の有力な手段

会社が一丸となって活動していくには、経営陣と社員の意識が一致しなければなりません。折りに触れて社長が訓話するのも、たびたび会議を開くのも、報告や連絡を徹底させるのも、社長の考えを伝え、社内の意思統一を図るためです。会社の数字は、意思統一の有効な手段として活用できます。

たとえば、社長と幹部社員が決算書によって会社の現状を把握し、問題の分析をするという方法があります。決算書という一つの情報をもとにして行なう作業ですから、共通の認識を持つことができます。問題点がわかれば、それを解決するにはどうしたらよいかを同じ土俵で検討することもできます。問題解決に向けた意思統一、動機づけが可能になるのです。

一般社員には、決算書を見せることはありませんが、売上げの推移や社員一人当たりの売上げなどの数値資料をつくってみてはいかがでしょうか。

社員一人当たりの売上げや利益、経費などの数字はとりわけ有効です。

自分がいくら売り上げているのか、どのくらいの利益をもたらしているのか、どのくらいの経費を使っているのか。それらが過去から現在までどのように変化したのか——。それを具体的な数字として示されると、いろいろな感想が出てきます。

「一生懸命やってきたつもりでも、3年前と同じ水準でしかない」

「売上げはそこそこでも、利益が思ったより低いなあ」

「自分一人にこんなにたくさんの経費がかかっているのか」

こうした気づきがあれば、問題意識が生まれます。

「売上げをもっと伸ばすには、どうしたらいいか」

「利益を上げたい、何か工夫すべきところがあるはずだ」

「どこかでムダな経費を使っていないか」

これにより、社長の問題提起や指示を受け入れやすい素地ができます。

社員にとって、共通の問題意識を持ち、共通の解決策を示されることは、相乗的な力を発揮する基盤となるのです。

――専門用語を覚えると話に説得力がつく

数字に強くなる、数字を介して経営が見えてくるということは、経理や経営に関する専門用語に強くなることでもあります。

専門用語を知る必要性と重要性が特に高いのは社長夫人です。計数管理には経理の専門用語が不可欠だからです。

「前年対比」「前年同月対比」「3カ年の趨勢」という程度の言葉すらわからない社長夫人がけっこういます。ふだん「粗利」「純利」などという言葉を使っていても、その違いを聞かれると答えることができない。それぞれの意味や計算方法を正確に知らないのです。

決算書には、勘定科目と呼ばれる項目名がずらりと並んでいます。損益決算書には、「利益」が5種類もあります。「売上総利益」「営業利益」「経常利益」「税引前当期利益」「当期純利益」の5つです。これらの違いがわかりますか。

「売上高」「仕入高」「売上原価」などわかりやすい用語も含め、勘定科目など決算書に出てくる用語の意味や計算方法を身につけましょう。

会計の仕事をしながら基本的な用語の意味さえ知らないのは、財務会計ソフトの利用も一因です。ソフトを使うと、数字を入力すれば、あとはソフトが自動的に処理をしてくれ、必要な数字を計算して画面に表示します。指定された項目に数字を入れるだけですから、項目ごとの関連性など知らなくてすみます。

さまざまな経営指標も自動的に計算、表示されるので、すぐに見ることができますが、その指標がどのような項目を使って、どのように計算されているのかはわかりません。「総資本経常利益率」「労働分配率」「自己資本比率」などといったものです。これらの指標はどのような意味なのか、どう計算するのか、経営上の何を知ることができるのか——。すぐに答えることができますか。より深く経営を分析、理解するには、これらの知識も必要です。

財務会計ソフトが普及する前は、手書きで転記をし、手で計算していましたから、ある程度は自然に理解が進みました。そこで私の講座では、3年分の表を作るとき、必ず手書き、手計算でしてもらいます。決算書などを理解する、よい訓練になるからです。

数字に関する専門用語を覚え理解して駆使できるようになると、話に説得力がつきます。交渉する力もつきます。専門用語を導き手として、経営についての理解を深めることができます。

会計士や税理士の話には専門用語がたくさん出てきます。質問や議論をしようにも、用語を知らなかったり、意味がわからなかったりすればどうにもなりません。銀行や税務署と渡り合うためにも、専門用語が必要です。

社長夫人がこうした力をつけることは、社長にとってとても頼もしいことです。

会社の現状と問題点はすべて数字に表れる

――数字が見えないと問題点が見えない

もう少し会社の数字の話をしましょう。

中小企業で典型的な問題点は、経営上の数字が見えていないことです。

なぜそうなるのかと言えば、収入や支出などをきちんと処理していないからです。ほとんどの社長は、売上高だけに頭が行って、その上下に一喜一憂しています。粗利益などを見ていても、経営に活かすところまで行っていません。

数字を表面的に見ているだけなので、問題点も見えてきません。

お金の処理が、現金の出入りだけを管理するだけであれば、ことは簡単です。

入るお金が収入、出るお金が支出で、両者の差が利益になります。収入と支出が短期間のうちに回転していれば、これですむかも知れませんが、たとえば原材料の仕入れから製品の売却までの期間が長い場合はおかしなことになります。

原材料を仕入れるときにお金を払います。その原材料を使った製品の売却額が入るのは1年後だとします。その間に決算があれば、仕入れだけしかない今期の収益はマイナスになります。そして来期は、原材料の支出なしに、製品の代金が入ってくるだけですから、そのまま利益になります。これでは、その製品の収支を正確につかむことができません。

これとは逆に、製品ができる前に前受金をもらい、長期間かけて原材料を仕入れていく場合は、今期が代金だけのプラス、来期以降が仕入れだけのマイナスとなります。やはり正確な収支はわかりません。

同じような処理をしていた建築会社があります。工事が完了する前に前受金をもらい、それを売上げとして計上し、材料費や下請けの手間賃などは、そのつど支払って、それを経費として記録します。売上げが先に上がって、あとから経費が少しずつ出ていく。これでは、この工事でどのくらい利益が出るかわかりませんし、前受金の入金と経費の支払いの時期がズレれば利益が極端に変動することになります。

現にこの会社は、前年に3000万円の赤字だったのが、今年は1100万円の黒字になるという乱高下ぶりです。経営をどう判断したらよいか難しいところです。

問題は、経理の仕方にあります。実際のお金の出入りとは関係なく、工事が完了したときに工事高を売上げとして計上し、各種の支払いも、売上げ計上のときに合計して経費として計上するのです。工事が完了するまでの代金の入金は「前受金」として処理し、経費については工事が完了し売上げとして計上するまでは仕掛品として処理をする。これで、各工事についての収支が明確になり、年度ごとの業績が正確に把握できるようになります。経営の善し悪し、問題点も見えてきます。

専門的に言えば、現金の出入りをそのまま処理する方法を現金主義、現金の動きとは関係なく収支を処理する方法を発生主義といいます。この建築会社は、発生主義で処理すべきところを現金主義で処理していたところに問題があった、ということになります。

経理処理では常に収益と費用が対応しなければなりません。これを「費用と収益の対応の原則」といいます。

――伸び悩みの原因も数字を分析すればわかる

業績が伸び悩んだとき、あるいは落ち込んだとき、その原因を探るのが業績回復への第一歩です。それには経営指標が役に立ちます。

「これが限界か。これ以上、業績を上げることはできないのか」――。こういう悩みを強く持った社長夫人がいます。会社の売上げは、この3年間ずっと3億円台が続いていましたが、どうしても4億円に届かない。それで限界を感じたのです。

この会社では、社長がトップセールスマンで、社長の頑張りによって売上げを確保している面がありました。

「社長がトップセールスのところは社員が育たない」とよく言われます。業績が上がらなくても「社長がなんとかしてくれるだろう」と社員が社長に依存する。自分たちが努力して目標を達成しようという意欲が盛り上がらない。そういう甘えた土壌になりがちです。

「うちも、そのようになっているのではないか」と考えた社長夫人は、社員に関する指標を計算してみました。社員一人当たりの売上げはおよそ1300万円、一人当たりの付加価値は960万円台でしたが、3年来同じような水準で伸びていない。一人当たりの経常利益も伸びていないことがわかりました。

社員一人当たりの生産性が3年間も伸びていなかった。このことが数字ではっきり出ました。メスを入れるべきところがわかったのです。

社長夫人は、社長に諮り決済をもらって、社員のモチベーションを高め社内を活性化させるシステムの導入に踏み切りました。そのために投じた金額は800万円。

「社員の意欲さえ上がれば、うちはまだまだ伸びます。そのための投資ですから高いとは思いません」と納得したうえでの決断でした。

勘でなんとなく思っていることも、数字を分析すれば明らかになります。問題点が明らかになれば、改善策もはっきりします。数字の裏付けがあれば、社長夫人の提案は強い説得力を持つのです。

数字への意識があれば在庫の適性度もわかる

ある工務店の社長は50歳代。中学を卒業すると大工の見習いになり、そこからたたき上げた生粋の職人です。純和風の建築にこだわりながら、地域の中堅建設会社の下請けとして経営を続けてきました。工事売上高は1億8000万円、粗利益率（売上総利益率）は18％、経常利益はほぼゼロに等しい状態で、現預金は100万円。仕掛品はゼロでした。

問題点は、かなり離れたところにある作業場で見つかりました。大きな材木の山が4つもあったのです。概算で1000万円はあると推測されます。長期間積み上げたままにしておいたために、材木は黒ずみ、中にはかなりいたんでいるものもありました。使えなくなったものは毎日、薪にして燃やしてしまう。私には、お札を燃やしているように見えます。

安いという理由で材木問屋からまとめて買うので、余った分がムダになったのです。

倉庫には床の間に使う柱が何本も立てかけてありました。問屋から6本単位で買うと単価が1万円、1本だけ買うと1万5000円と5割も違う。それで6本ずつ買っていたのですが、ここに落とし穴があります。

この工務店が手がけているのは同じ規格の住宅を何棟も建てる建売住宅ではなく、注文住宅ですから、そのつど床柱は1本あればすみます。6本のまとめ買えをすれば必ず余り、それが長期の在庫になり古くなると廃棄される。安く仕入れたつもりなのに、4万5000円が余分な支出となり、かえってコスト高になっている。このことに気づかないまま経営していました。

ここまでわかれば、改善策はすぐに出ます。たとえ割高になっても、必要なものだけを仕入れる。まとめると安いからといって、ムダな仕入れはしない。これを徹底することです。

併せて、次のようなことを実行しました。

・その日の取引きは必ずその日に処理すること（経理の日次処理）を習慣化する。
・原価意識を高め工事ごとの利益を把握するために、工事実行予算書や工事台帳を整備する。
・月ごとの決算報告を徹底する。

これによって、粗利益率は25％、経常利益は1000万円という成果を生みました。

仕入れを目先の価格だけで判断すると、えてしてムダなもの、ムダな量まで仕入れることになります。余れば在庫として残り、やがて廃棄処分になる。廃棄するのは、見かけはモノですが、実質的にはお金です。数字への意識、コスト意識が強ければ、こんなムダはしないはずです。

利益を生み出すには「もったいない」精神で

——どの会社にも「利益の取りこぼし」が無数にある

「利益の取りこぼしを見つけてください」

「利益の取りこぼしをなくしましょう」

私は、よくこう言います。

「利益の取りこぼし」とは、ふつうに言えば「経費のムダ使い」です。「利益の取りこぼしをなくす」は「経費のムダをなくす」ということです。

売上げが同じでも、ムダをなくせば経費が減り、結果として利益が上がります。経費の削減は利益の増大です。言い換えれば、経費のムダ遣いは、本来あるべき利益を埋もれたままにしていることを意味します。それで私は「利益の取りこぼし」という言葉を使うのです。

どの会社にも、利益の取りこぼしは無数にあります。利益を上乗せできる手段は、いくらでもあるのです。

私は、出版社で経理を担当していたことがあります。出版した本を全国に配布する運送代に、年間1000万円もかかっていました。会社の規模にしては大きな金額です。私は、「もっと減らせないか」と考えて、膨大な量の送り状と請求書を1件ずつつき合わせて全部チェックしました。すると、いろいろと見えてきました。

たとえば、沖縄に送る便があります。福岡の港までが1ケース350円、そこから沖縄までの船便が1ケース2500円、合計で2850円。10ケース送るので約3万円になります。

まず考えたのは、一箱の大きさを大きくして、ケース数を減らすことです。箱の大きさを1・5倍にすると、個数が約3割減って、それだけ運送費が安くなります。

箱を大きくすると、それだけ重くなるので現場からは反対の声が上がりましたが、社長決裁で私の案は採用されました。

「もっと安くしたい」と次に考えたのは、個数を基準にする個数制より安い料金体系はないか、ということです。調べてみると、重さを基準にした重量制にすると、より安くなります。重量制を採用している運送会社に変えると、運送代は280万円安くすむようになりました。280万円の利益を出したのです。

また、毎年、原価で1000万円分の本をゴミとして捨てていたのを、「もったいない」と

なにこの「役職手当」って…
もったいないわねェ…
あの— それがオレの給料なんスけども‥

改善に取り組みました。大量廃棄の原因は、印刷・製本会社への大量発注による過剰在庫にあります。

そこで、最低ロットの冊数だけを小刻みに発注する方式に変えました。単価はいくらか高くなり、発注の手間も増えますが、在庫は適正になり、売れ残る分（過剰在庫＝捨てる分）のお金を払わなくてすみます。これで、翌年、捨てる本が半減しました。５００万円の利益を掘り起こしました。

このように利益の取りこぼしを見つけるには、第一に「もったいない」と思う気持ちが大切です。

「こんなに経費を使っているのは、もったいない。もっと減らせるのではないか」――。

この気持ちで細かいところにまで目を光ら

せることです。長年、習慣として続けてきたことは、ムダがあっても気づきにくいもの。先の運送代にしても売れ残り本の廃棄にしても、従来から在籍する社員は「そういうものだ」ですませている。私が新入りだったからムダと感じたという面もあります。

ある食品販売店は、夕方の忙しい時間帯はほとんどパート社員になります。他の店と同じように商品の「時間割引」を実施しますが、当初の見込み以上の値引きになっているらしい。よく観察すると、「早く売り切って帰りたい」と思っているせいか、パート社員は、決められた時刻より早めに値引きを開始していることがわかりました。これでは利益に響きます。そこに気づけば、値引き開始の時刻を厳守するという対策が立てられます。

パート社員そのものの時間給も例外ではありません。

3店舗を持つ食品販売会社は、来店客が多い夕方に何人ものパート社員を雇っていました。それぞれの社員の勤務時間帯は決まっていますが、ときに勤務が終わる時間より前に暇になる日があります。そのような場合は、「今日はもうあがってください」とは、なかなか言いづらい。パートは時間給なので、「4時間勤務の約束で雇っている人には、4時間いてもらわないと悪い」という気持ちが働くのです。こちらのミスで時間帯にダブリが出ることもあります。

パート時間のムダは経費のムダです。30分早くあがってもらえば、あるいは30分のダブリをなくせば、それだけ経費が少なくてすみます。シビアに考えて、早いあがりやパートの組替えを行なうことによって、パートの人件費を5％削減しました。

細かく、細かく見ていけば、こういう問題は次から次に見つかるはずです。社内で「当たり前のこと」として行なわれることを「もったいない」の目でチェックする。そういう訓練をしてください。

内勤者でも工夫すれば自分の給料を稼ぎ出せる

利益の取りこぼしが見つかったら、次は「どう改善するか」です。ここでいう「改善」とは、ひと口で言えば「より安くすむ方法を考えて実行する」ということです。

改善の方法は、「どうすればいいか」をキーワードとして、逆にたどって考えていきます。

本を捨てるのはもったいない↓それには、どうすればいいか↓できるだけ捨てないようにする↓それには、どうすればいいか↓捨てるほどつくらない↓それには、どうすればいいか↓必要最低限の量を発注する——このように逆算して考えていくのです。

発想の転換も必要です。改善策が見つからないのは、社内の常識や既成概念がネックになっているからです。現状のやり方が当然と思っているので、よりよい方法が浮かばないのです。

チェーン展開している眼鏡販売店が店頭在庫をたくさん抱えていました。「デザインが古いと売れないだろう」と、古いものをウィンドウの奥にしまいこんで、お客様に積極的に勧めることもない。売れ残りが増えるのは当然です。

けれど考えてみると、デザインが斬新かどうかは売り手側の感覚です。お客様は、デザインの新しさより自分の好みと値段を重視します。だから、お客様の立場に立って、古い商品でもどんどん勧める、セールなどで値段を下げても売ればいいのです。

全店舗の店頭在庫は原価で３４００万円、完売すれば約８０００万円になります。店頭で眠っている商品をお金に換えれば、これだけの利益が出るのです。

「古いものは売れない」という思い込みや既成概念、あるいは業界内の通念を捨てるという発想の転換が必要です。

「もったいない」精神を持つ、些細なことへの気配り・細かい作業を地道に続ける、既成概念や「常識」に染まらない――これが利益の取りこぼしをなくす秘訣です。いかがですか。これは、まさしく女性のお家芸だと思いませんか。社長夫人にふさわしい仕事、社長夫人だからこそできる仕事です。

利益を上げるというと、売上げを上げること、売上げを上げるには営業社員の頑張りが一番と考えるのがふつうです。けれども、「利益の取りこぼしをなくす」ことで、社内にいても利益を上げることはできるのです。

「内勤者でも、工夫すれば自分のお給料ぐらいは稼ぎ出せる」というのが私の考えです。

——利益アップは「森を見て木も見る」方法で

利益を上げるには「取りこぼしをなくす」以外にも方法があります。その手段を多角的に検討するのです。

年商35億円の食肉卸会社があります。大きな赤字を出していたのですが、それを半年で改善しました。「粗利益率1％アップ運動」を実行したからです。比率にすると、わずか1％ですが、35億円の1％アップですから3500万円の上乗せです。けっして小さくない数字です。

粗利益率1％アップをどうやって達成するか——。製品の値段を1％上げるのは、てっとり早い方法です。1000円の製品なら1010円にする。わずか10円とはいえ値上げですから、顧客に受け入れてもらいにくい。営業社員からは強い反対がありました。

10円を一つの方法だけで上げようとするから難しいのです。売上げで3円上げて、仕入れで3円落とす。さらに、ほかの経費で4円節約して、トータルで10円値上げと同じ結果を出す、ということにすればどうでしょうか。

値上げも3円（0・3％）なら、営業部も何とかしてくれるでしょう。原価は、仕入れ部が頑張って交渉して3円（0・3％）安くしてもらう。経費は、全員で知恵を絞って、ムダを見つけ、それをなくすことで4円（0・4％）下げる。これを集約すれば、粗利益率を1％押し上げることになります。

この結果、半年間で、毎月借りていた運転資金が不要になり、利益が出せるようになりました。

利益を上げるには、売上げだけで考えず、仕入れや経費も含めて総体的に考えることです。「木を見て森を見ず」でも「森を見て木を見ず」でもなく、「森を見て木も見る」で検討するのです。

「たかが1%、されど1%」です。「できそうだ」と思えば、社員はやる気を起こします。いきなり大きな成果をねらうのではなく、小さな目標を小刻みに実現していけばいいのです。コツコツ積み上げていくことが、結果的に大きな成果を呼び込みます。

決算書の数字を読みこなそう

売上げではなく利益に注目する

決算書はご存じでしょう。会社の「通信簿」、家庭で言えば「家計簿」に当たります。

決算書は一つの書類ではなく、複数の書類（表）で構成されています。貸借対照表、損益計算書、製造原価報告書、利益処分計算書、キャッシュフロー報告書などです。中心は、貸借対照表と損益計算書の二つです。

貸借対照表は、会社のすべての資産、負債、資本それぞれの金額を一覧表にしたものです。バランスシートとも呼ばれます。損益計算書は、1年間のすべての収入と、これに対応する支出を書き出し、両者の差を利益として示す表です。

もう少し人間味のある定義にすると、創業から今日までの会社の歴史と社長の苦労を表すのが貸借対照表、1年を一区切りとして利益を上げる苦労の流れを表すのが損益計算書です。

決算書のどの書類にも、多くの項目と数字が並んでいます。その中で、まず何に注目したらよいでしょうか。

損益計算書の「総売上高」は、仕入れたものや自社で作ったものを売った金額を集計した数字で、現在の会社の規模を教えてくれます。

多くの社長は、この数字をもっとも重視します。この数字をいかに大きくするかに専念し、そこに精力を傾けます。売上げが落ちることを一番恐れ、嫌います。そんな思いが、「もっと売れ！」といった怒鳴り声になるのです。

私の考えは、「まず利益ありき」です。売上げより利益を重視します。

社長や社員の給与も、借金の返済も、将来へ向けての内部留保も、すべて利益から出ます。売上げがいくら上がっても利益が出なければ何にもなりません。逆に、売上げが低迷しても、利益が出ていればなんとかなります。利益が伸びるのは経営が健全な証拠です。損益計算書を見ると、以下のような3種類の利益があります。

・売上総利益――売上高から、商品の仕入れや製造にかかった費用（売上原価）を引いたもの。一般に「粗利益」「粗利」と呼ばれます。

・営業利益――売上総利益から、販売費（販売にかかった費用）と一般管理費（人件費や事務費など）を引いたもの。

・経常利益――営業利益に、利息や配当金など本業以外の利益（営業外利益）を加え、さらに、借金の利息など本業以外の損失（営業外損失）を差し引いたもの。

もっとも重要なのは売上総利益、つまり粗利です。粗利は、企業活動によって得た最大限の利益を示すもので、会社の存続は粗利にかかっています。

必要経常利益（次ページ表「必要経常利益の試算」参照）、人件費、経費（成果に比例しない費用）、戦略費（成果に比例する費用）、借入金の返済額や利息などは、すべて粗利益で賄わなくてはなりません。粗利益額は、これらの合計額を満たしていることが最低条件です。

――粗利益から売上げ目標を導き出す

必要な粗利益額は、損益計算書から右にあげたような金額を拾い出して合計すれば出ます。次に、これだけの粗利益額を上げるには、どれくらいの売上高が必要か計算します。前年の粗利益率（粗利益額を売上高で割って百分率で表した比率）を計算し、今年も同じ率と仮定して、粗利益額を粗利益率で割ると必要な売上高が出ます（算出方法は次ページ表参照）。これが今期の目標になります。

必要な粗利益額から逆算して必要な売上高を出す方法は、単に「前年の1割アップ」といった売上目標の決め方より実践的です。

なぜなら、前年対比を基準にした売上げ目標では、決算をしないとどのくらいの利益が上が

売上目標は粗利益から導く

必要経常利益の試算

↓手順

	項　目	計画
①	年間借入金返済	
②	年間定期積金	
③	年間保険積立金	
④	年間その他財務支出	
⑤	配当金	
⑥	役員賞与	
⑦	資金運用合計 ①+②+③+④+⑤+⑥	
⑧	減価償却費	
⑨	ビジョン（内部留保）	
⑩	必要資金合計　⑦−⑧+⑨	
⑪	法人税等の税率	約40%
⑫	必要経常利益　⑩÷⑪	

目標売上高の試算

	項　目	計画
⑫	必要経常利益　⑩÷⑪	
⑬	営業外費用（主に支払利息など）	
⑭	営業外収益（主に受取利息など）	
⑮	必要営業利益　⑫+⑬−⑭	
⑯	減価償却費	
⑰	戦略費（成果に比例する費用）	
⑱	経費（成果に比例しない費用）	
⑲	人件費	
⑳	必要粗利益（売上総利益） ⑮+⑯+⑰+⑱+⑲	
㉑	粗利益（売上総利益）率	%
㉒	目標売上高　⑳÷㉑	

手順1.必要経常利益を算出する

1.①～⑥は損益計算書の項目以外に支払うものを計算します。
2.⑧減価償却費は、損益計算書の経費に計上されていますが、実際には資金は出ていませんので、必要資金から差し引きます。
3.⑨ビジョン（内部留保）は、5年後に1億円の自社ビル建設計画があるとして、資金計画が必要になります。1億円をすべて自己資金で賄いたいが、現在定期預金が5千万円しかないといった場合に、不足の5千万円を5年後までに利益によって蓄えなければなりません。毎年1千万円ずつ残すならば、その金額を⑨に記入します。
4.⑩は、借入金返済などの資金に、資金が出て行かない減価償却費を差引き、ビジョン実現資金を加えた『必要資金』です。
5.⑫は、『必要資金』を法人税等（約40%）で割ったものが年間の『必要経常利益』となります。

手順2.売上目標は粗利益から導く

1.⑳『必要粗利益』の算出は、⑫『必要経常利益』を明確にすることから始まります。
2.⑮の『必要営業利益』の算出は、⑫『必要経常利益』に⑬営業外費用（支払利息等）を加え、⑭営業外収益（受取利息等）を差引きます。
3.次に年間の経費予算を立てます。
⑯減価償却費（すでに固定資産として投資したものを、償却年数に応じて費用化したもの）
⑰戦略費（販売に属する広告宣伝費・販売促進費・交際費などで、費用対効果をみる費用）
⑱経費（成果には比例しない経費）
⑲人件費（役員報酬・従業員給与・法定福利費・福利厚生費など）
4.⑳『必要粗利益』の算出は、⑮『必要営業利益』に販売費及び一般管理費⑮～⑲を加えます。
5.㉒の『目標売上高』の算出は、⑳『必要粗利益』を会社の通常の㉑粗利益率で割ります
6.「経営は逆算」、前年対比を基準にした場合は売上げから経常利益へと導きますが、それでは経常利益と必要資金とを関連づけできなくなります。

るのかわかりませんが、粗利益額からの逆算なら、「これだけの売上げを上げれば、必要なだけの粗利益額を確保できる」と初めからわかっているからです。あとは、目標とした売上高をいかに達成するかだけを考え、経営すればいいのです。

粗利益額から逆算した売上高が、達成不可能な数字になることがあります。たとえば、前年対比で5割アップ

しなくてはならないというケースです。一度にやろうとするのは禁物です。どこかでひずみが出て、あとあとまでダメージを残します。

単年度で無理なら、少し長いスパンで達成すればいいのです。1年で無理なら、2年、3年かける。目標達成に向けてのステップを明確な数字で表すことが重要です。

粗利益については、金額だけでなく、粗利益率という指標で判断します。この比率が高いことは、効率よく利益を上げていることになります。

この比率は高いほどよいのは言うまでもありませんが、経営姿勢を反映するため、会社によってバラツキがあります。付加価値の高い商品を売ることを重視している会社では、粗利益率は60~70%もあります。一方、売上げ志向でたくさん売ることを重視している会社では10%程度のところもあります。

粗利益率がいくら高くても、会社に必要な金額に達しなければ将来への展望は開けません。借金があって返済に回すだけの粗利益額を出せなければ、利息がかさむだけです。

粗利は、まず額を考え、次に率を見る、という順序がよいでしょう。

――数字をストーリーで読むと理解しやすい

数字は一見、無味乾燥な印象があります。決算書は、わかりにくい用語で勘定科目（項目）

が並んでいて、それぞれにビッシリ数字が書き込んであります。

「ながめているだけで、頭が痛くなる」と言う社長夫人も多いでしょう。

でも、数字はストーリーとしてとらえると理解しやすく、決算書もよく読めるようになります。数字をストーリーとして読むには、第一に数字同士の関連性を読むこと、第二に数字の背景を考えることです。

物語には、さまざまな人物が登場して、互いに関わり合いながら話が進行していきます。会社の数字も同じようなところがあります。

たとえば、今期の売上高が2億円だったとしましょう。この数字を見て、「ああ、よかったね」とか「意外によくなかったね」だけでは物語は進行しません。

売上げが2億円だった。では、仕入れには、どのくらいかかったのか。それを引くと、粗利益はどのくらいになるだろう。粗利益は1500万円だった。必要な経費はここから捻出しなくてはいけないけれど、この金額で大丈夫だろうか——という具合に数字同士の関連を追いながら、数字を見ていくのです。

来年は10%くらい伸ばして1600万円か1700万円ぐらいの利益が出るようにしたいと思ったら、では、その利益を出すには、どのくらいの売上げを上げればいいのか。もし売上げが限界なら、どこかで経費を節約すれば何とかなるかも知れない。ムダ遣いをしているものはないだろうか。こんなふうにストーリーで考えていくうちに、経営上の課題も明らかになってきます。

数字の背景を考えるには、「なぜか」という疑問を持つことです。

たとえば3年間の売上げの推移を見ると、右肩上がりの場合もあるし、右肩下がりの場合もある。上がり下がりの激しい場合もあります。どの場合でも「そうなんだ」ですまさず、「なぜ、こうなったのか」と考えることです。

このところ売上げが右肩上がりで10％ずつ伸びているとすれば、その背景、要因を考える。「新規のお客様が増えたせいではないか」「新製品を出したせいではないか」など、いろいろな背景が思い浮かぶでしょう。これだというものが推測できたら、顧客別の売上げ分析をしてみるとか、製品ごとの売上げを調べるとかして、数字で裏付けをとっていきます。

売上げが落ちている場合も同じです。

業績が伸びたら伸びた要因、落ちたら落ちた要因が必ずあります。それを見つける。伸びた要因がわかれば、さらに業績アップへの道筋が見えてきます。落ちた要因がわかれば、業績ダウンを食い止め、業績アップにつなげる方法もわかってきます。

数字をストーリーで読むと、のっぺらぼうで平面的に見える数字が立体的に見えてきて、明確なイメージをつかめるようになります。

社員の前では社長に批判的なことは絶対に言わない。ひたすら「黙っとこう」です。

吉田美也子さん（38歳）
吉田塗装工業株式会社
［塗装業・住宅リフォーム業］
取締役情報管理部長

基礎データ

1948年に、夫、達哉氏（37歳）の祖父が塗装業を開業。2002年に達哉氏が社長就任し、2年前から住宅リフォーム分野に進出。年商は2004年で4億1800万円。従業員は30名。本社は愛媛県新居浜市。

私は、主に経理の仕事をしています。新しく始めたリフォームが好調で、売上げは伸びたのですが利益が上がらない。経理も細かくなった。これまでのどんぶり勘定では行き詰まるだろうから勉強しようと思って、1年前に矢野先生の講座に参加しました。

一回目で、はまりましたね。最初の目的は、銀行に自信を持って出せる資金繰り表をつくれることだったのですが、内面的なお話に惹き付けられました。

いま思うと、ほぼ同年齢ということもあって、社長と対等にやってきた私生活をそのまま会社に持ち込んでいたんですね。社員の前で社長と対立したり、会議で平気で反対意見を言ったりしていました。社長をないがしろにして、自分が出過ぎていたんです。

矢野先生のお話で、それが間違いであることに気づいてから私は変わりました。

ひたすら「黙っとこう、黙っとこう」です。社長と意見の食い違いは多いんですが、社員の前では社長に批判的なことは絶対に言わない。まずそれを心がけました。

もともと、すぐにカッとなって声を荒げるたちですが、そうなりそうになると、深呼吸して気持ちを鎮めることができるようになりました。落ち着いて話せば、意見が違っても建設的に話せるんですね。

私の変化に気づいたせいか、社長が私を肩書きで呼ぶことが増えました。社長がそう呼び出すと、社員も変わってきて、いままでのいろいろな呼び方に「部長」が混じってきました。

講座の内容は必ず社長に話しています。計数管理の勉強をしてからは、どんな資料をつくるか社長と相談して決めています。

これからは、毎日の細かい処理は社員にまかせて、経営判断に役立つ資料をつくるなど、もっと社長を補佐する仕事をしていきたいと思っています。社長との二人三脚がしっかりできつつあると確信しています。

利益が上がらない原因も、それを解決する方法も見えてきました。いま目指している方向は「これでいい」とわかっています。会社は必ずよくなる、あと2〜3年ぐらい頑張ったらすごい会社になるという希望を持って仕事をしています。

会社の現状がわかる「経営指標」の読み方

――4つの指標で問題点を探る

この項ではもう少し経営の数字について踏み込んでみましょう。

経営状態を分析、把握するために計算するのが「経営指標」です。割り算で算出し、数字は百分率で表します。（161ページ以降参照）

経営指標には「安全性に関するもの」「収益性に関するもの」「生産性に関するもの」「成長性に関するもの」の4つがあります。経営指標の考え方はいろいろありますが、私は以下にあげる順番に重要な指標と考えています。

（1）安全性

収入と支出のバランスがどうか、資金繰りが安定しているか、ということです。

「当座比率」「流動比率」「自己資本比率」「固定比率」「固定長期適合率」などの指標があり

ますが、もっと重要なのは、当座資産と流動負債のバランスを見る「当座比率」（当座資産を流動負債で割った百分率）です。

当座資産とは、現金・預金、受取手形、売掛金、それに株などの有価証券を指します。どれもすぐに資金になるもので、手元資金による負債の支払い能力が高いか、低いかを見るものです。当座比率が１００％を超えているか、月商の１・５か月から２か月あれば支払いが非常にラクになります。

私の顧問先に、流動負債と固定負債の合計以上に当座資産を持っている会社がありますが、手元資金に余裕があると、思い切った戦略が打てます。

（２）収益性

使ったお金に対してどれだけ利益を生み出したか、ということです。

収益性を表す指標は30近くありますが、私がもっとも重要と考えるのは、「総資本経常利益率」です。貸借対照表の「資産の部の合計」あるいは、「負債の部と資本の部の合計」の項目に記入されているのが「総資本」です。経常利益（142ページ参照）を、この総資本で割った百分率が「総資本経常利益率」です。

会社によっては20％以上のところもあれば、３～５％のところ、中にはマイナスのところもあります。一般的には10～15％あれば、良い経営状態といえます。

また、「売上対総利益率」「売上対営業利益率」「売上対経常利益率」など、それぞれの利益の段階で稼ぐ力を検討してみてください。必ず利益の取りこぼしが見つかるはずです。

（3）生産性

売上げや利益を上げるのに、人やモノやお金をどのくらい使ったか、ということです。

売上総利益額を従業員の数で割って出す「従業員一人当たり生産性」が代表的な指標です。これによって、人的生産性、つまりマンパワーの度合いを判断します。また、人件費総額を売上総利益額で割った百分率が「労働分配率」です。売上総利益額に占める人件費の割合を表していますが、効率ということを考えた場合、この指標は50％を切りたいところです。

売上げや利益が伸び悩んでいるとき、その原因を探るのに、この指標が役に立ちます。社員の数や、配置、能力やモチベーションなどの状態がこの指標で評価できます。

（4）成長性

文字どおり、どのくらい成長しているか（していないか）ということです。

売上高について、3～5年遡って現在までの推移を見れば容易に判断できます。その場合、昨年と比較してどのように伸びたかを見るには、「前年対比」「前年同月対比」、また過去3年間の成長を見る場合は、3年前を基準年度として、比較対象年度を基準年度で割った百分率で成長度を見ます。

私がよく使うのは、これら4つの指標ですが、これだけでも経営の判断には有効です。あなたの会社でも、問題があったらこれらの数字をはじき出して見ましょう。どこに原因があるか、どういう解決策があるかを探る有力な手がかりになります。

たとえば、3年前に3億円だった売上げが、少しずつ落ちて、現在2億5000万円となったとします。まず、考えるのは、以前の体力に戻すこと、つまり3年前の水準まで盛り返すことです。それにはどうするか。これが最初のテーマになります。成長性に関連が深いのは、生産性です。一人当たりの売上高を出して検討してみます。

一人当たりの売上高が減少していれば、その原因を究明しなければいけません。それを安易に放置していると、後で取り返しのつかないことになりかねません。「まだ何とかなる」ではいけないのです。「鉄は熱いうちに打て」です。2年間売上げが横ばいだと衰退期に入る信号だと思ってください。

毎月、あるいは毎年、決算書から右のような経営指標を計算して表を作成すると、経営に役立つ資料として使えます。

「資金繰りが苦しい」と感じたときは、資金繰り表を作ってみることです。

営業活動で入る資金から、仕入・外注費・人件費・その他の経費など営業活動に必要な支払いと、借入金の返済資金などの合計を差し引いて、資金がどれだけ残るのか、不足するのかは

「資金繰り表」を作成すると良くわかります。

同業他社と比較すると自社の状態に気づく

経営の数字や指標は、会社の現状や推移を見るために使うだけでなく、同業他社と比較して会社の状態を判断するのにも役立ちます。

何年にも渡ってバランスのいい経営を続けてきた会社があります。収益性は高いし、財務内容もいい。社長の経営手腕のよさを感じる会社でした。ところが、経営指標を出して、業界の平均値と比較すると、問題が見つかりました。「総資本回転率」という指標が業界平均より低かったのです。

「総資本回転率」とは、売上げを上げるのに会社の資本を何回回転させたかを示す指標です。回転数が多いほど、効率よく資本を使っていることになります。この指標が低いことは、会社の体力を少しずつ消耗していることを意味します。売上高を総資本で割って求めます。

この会社の社長夫人は、数年前から、「どうも、会社がもたついているような感じがする」ともらしていました。なんとなく勘が働いていたのです。

会社は順調に見えたので、単なる思い過ごしかもしれないと思っていたのが、他社や業界と比べて問題点が見つかった、不安が的中したのです。

けれども、問題点が見つかれば、あとは改善策を講じることができます。経営が悪化する前に問題点を見つけたことは、むしろ幸運だったというべきでしょう。

一般に手に入る経営指標としては、中小企業庁が発表する「経営指標」や、税理士と公認会計士の全国組織ＴＫＣが発表する「ＴＫＣ経営指標」があります。どちらも業種ごとに細かく分析、記載されています。

ただし、この経営指標は、黒字を出している優良企業の平均的な数字であることに注意してください。全体に高い水準なのです。そうした点を知ったうえで「同業他社にできているのだから、うちでもできるはずだ」という励みにしましょう。

「おらが大将」という意識が強い経営者は、「そんな指標はあてにならない」と言って無視する人もいます。「井の中のかわず」にならないためには、「大局を見てことを成す」です。同業他社の指標を参考にしながら、経営方針を数値化したり文章化しましょう。それによってはじめて、人に伝え、理解させ、共有することができるのです。

費用を「攻めの経費」と「守りの経費」から見直す

――経費は形態別ではなく目的別にとらえる

前に会社に利益をもたらすためには「もったいない」と思う気持ちが大切と述べました。これは言い換えると、会社の経費をいかに節約するかという視点です。

その一方で、会社が成長していくためには、もちろん必要な経費もあります。節約、節約で経費を削ってばかりいると会社のバイタリティまでも損ないかねません。ここではそうした点に触れてみましょう。

新製品の売り出しや特別セールのときなど、お客様にダイレクト・メールを送る機会は多いものです。ＤＭを出すには切手代がかかります。一般の会計では、切手代は通信費として扱うので、ＤＭの切手代も通信費として計上されます。

おそらく、皆さんの会社もそうでしょう。会計事務所からも、そのように言われているはずです。私は、少し違う考え方をします。

ＤＭの切手代は、ふつうの書類を送るための切手代と同じでしょうか。どちらも郵便物を送るという点では同じですが、ＤＭとふつうの書類では性格が違います。ＤＭは販促のために出すもの、ふつうの書類は連絡のために送るものです。書類の切手代は通信費でかまいませんが、ＤＭの切手代は販促費として扱うほうが妥当ではないでしょうか。

ふつうの郵便による連絡は、それがきちんと行なわれれば、それで終わりです。それ以外のことは発生しません。しかし、販促活動の一環として行なうものなら、それによる「効果」が問題になります。どんなＤＭを、どのくらい出したら、どれくらい売上げに貢献したか――ということです。それを数字で判断する必要があります。ＤＭの切手代を通信費に繰り入れると、販促の費用として計上されず、効果を判断できなくなります。

よく「販促費は売上げの○％が理想」などと言われますが、ＤＭの切手代を通信費にしては、販促費の割合を正確に把握することができません。会計の原則に反してまで、「ＤＭの切手代は販促費として計上してください」と主張するのは、それだけの理由があるのです。

経費の扱い方には、形態別と目的別の２つの考え方があります。現在の簿記会計の原則は形態別ですから、ＤＭの切手代は「通信費」になります。目的別なら、「販売促進費」という勘定科目になります。

会社を経営するという観点からは、形態別ではなく目的別にとらえるほうが適しています。会社のお金を使うのには目的があるからです。「販促のため」「宣伝のため」「人脈をつくるため」などです。

お金を使うとき、常に「何のためか」を考えることは、よく言われる「コスト意識を高める」ことにもつながります。

経費については、「攻めの経費」か「守りの経費」かという視点も大切です。売上げや利益を上げるための経費が「攻めの経費」。会社組織を維持、運営するための経費が「守りの経費」です。たとえば、販促費は「攻めの経費」、福利厚生費は「守りの経費」です。先の例で言えば、DMの切手代は「攻めの経費」、書類の切手代は「守りの経費」です。この点でも、DMの切手代と書類の切手代では性格が異なります。

交際費も、本来は「攻めの経費」です。新しい取引先を探したり、そのために人脈を広げたり、取引先と親睦を深めたりするのに使うお金だからです。単に社長が飲んだり食べたりすることに使ったのでは「攻めの経費」とは言いにくい。社長のポケットマネーから出すのが当然でしょう。

人件費にも「攻め」と「守り」があります。新入社員の給与は、「攻めの人件費」です。給与の総支給額に法定福利費、福利厚生費、教育費、諸費用などが加わるので、会社は総支給額新入社員がそれだけの仕事をするか、それだけの利益を出すかといえば、それは不可能です。それでも会社が雇うのは、一人前の社員として育ってそれなりの利益を会社にもたらすと期待するからです。新入社員の人件費は、いわば将来への投資です。すべての社員の人件費が「攻めの経費」になれば理想的です。

未来志向の仕事には「投資」の視点も必要

これは未来を意識した投資ととらえる考え方です。

目先の直接的な成果を目的として使うのが「費用」、将来に向けて見えにくい成果を期待して行なうのが「投資」です。財務という未来志向の仕事をするには、経費を単に費用として見ず、投資ととらえる視点も必要です。

新入社員は、すぐには給料だけの仕事ができません。費用対効果という点ではマイナスです。しかし、磨けば光るものがある。いずれ成長してくれるだろうという期待があるから採用して人件費を使い続ける。これが投資です。長い目で見れば、投資対効果はプラスと見ているのです。

人材育成プログラムを中小企業に売って日本一のセールスマンがいます。これまでプログラム導入にかかる経費を費用ととらえ、「費用対効果」のメリットをあげて経営者にプレゼンしてきました。私が開いている社長塾で、「人材育成費は費用ではなく投資だ」という「投資対効果」の考え方に気づき、「将来に必ず大きな効果が出る」ものとして、以前より強力に売り込めるようになったと言います。

同じお金を使うのでも、投資としてとらえれば、より大きな視点、より長いスパン、より基幹部分での成果を目指した使い方、つまりは経営センスのある使い方が可能になります。

ある中小企業の経営者の会で、新入社員フォローアップ研修の講師をしたことがあります。そこに参加している中小企業の新入社員に、「あなたがもらっている給料は、費用と思いますか、会社が自分に投資してくれていると思いますか」と質問すると、自信なさそうに「投資してくれていると思う」という方にパラパラと手が挙がりました。

「それでは、投資してくれていると思った人は今後会社にどうすればいいと思いますか」と質問すると、「早く力をつけて、役に立たないといけない」と言っていました。着眼と発想の転換は、人の心を動かすものです。

知っておきたい経営指標

経営指標

経営指標については本文中にも触れていますが、社長夫人にぜひ知っておいてもらいたいものをピックアップしました。私が主催する「社長夫人革新講座」の中でもとても大切な中心的なテーマです。

(1) 安全性の分析

①「当座比率」――当座資産÷流動負債×100

当座資産の中の、現金・預金、売掛金、受取手形、有価証券など、どれもすぐ資金になるものによる流動負債の支払い能力が高いか低いかを見る指標です。100%以上欲しいところです。

また月商の売上高の1・5~2か月分あれば、資金に余裕が出てきます。

②「流動比率」――流動資産÷流動負債×100

短期の支払能力を見る指標です。流動負債である1年以内に支払うべきものに対して、流動資産である1年以内に現金化できる資産が充分あるかを見ます。150~200%は目指したいものです。

しかし、「流動比率」がいくら高くても、バランシートの流動資産の内容を見ると果たして資金化できるものがどれだけあるかは疑問です。売掛金に長期滞留はないか、棚卸資産の中に不良在庫はないか、貸付金・仮払金・立替金などは確実に資金化できるのか、常に実態とのチェックが必要です。

③「自己資本比率」――自己資本÷総資本×100

資産全体が、返済の義務のない自己資本により、どれだけ調達されているかという財務体質の健全性を見る指標です。30％以上にもっていきましょう。

④「固定比率」――自己資本÷（固定資産＋繰延資産）×100

固定資産に投資するということは、回収も長期化するのですから、安定した自己資本で賄うのが原則です。従って、固定資産への投資に対して返済の義務のない自己資本により、どれだけ資金が調達されているかを見る指標です。100％以下ならば他人資本（借入金）で賄うことになります。

⑤「固定長期適合率」――（自己資本＋固定負債）÷（固定資産＋繰延資産）×100

固定資産への投資に自己資本で賄えない資金を、自己資本の次に安定した資金である固定負債（長期借入金）でどれだけ賄ったかを見る指標です。この比率はどんなに悪くても100％は必要ですが、最低でも120％は欲しいところです。

(2) 収益性の分析

①「総資本経常利益率」――経常利益÷総資本×100

事業をし、利益を上げるためには、機械や車を買ったり、人を使ったり、商品を仕入れたり、借り入れをしたり、元手をかけます。効率的な経営、収益性の高い経営とは、少ない元手（資本）で大きな成果（利益）を上げることです。総合的な収益力を見るためには、投入した元手（資本）と成果（利益）の関係をチェックしなければなりません。

会社の基礎体力の根幹を成す経常利益に対し、その利益を上げるのにどれだけの資本をかけたかを見る指標です。まずは10～15％を目指したいものです。

②「売上対総利益率」――売上総利益÷売上高×100

会社が売上げを上げるために、自社で生産したり、商品を仕入れたりして、販売するのですが、売上げから仕入代金や製造原価を差し引いた利益が売上総利益です。これから経費が差し引かれ、最終利益が出るわけですから、「利は元にあり」というように、売上対総利益は利益の源泉ともいえます。この率が高いと、付加価値の高い仕事をしていることになり、低いと薄利多売の事業形態になりかねません。

③「売上対営業利益率」――営業利益÷売上高×100

売上総利益から販売費及び一般管理費を差し引いた利益で、売上高に占める営業利益の割合を見ます。どれだけ営業活動費を使って売上げを上げ利益を出したかを見ます。もし、この率が低いようであれば、営業活動にかけた費用の内容を見直す必要があります。

④「売上対経常利益率」――経常利益÷売上高×100

売上高に占める経常利益の割合を示しています。これの悪化は収益力の低下を表しています。低下の原因が売上総利益の低下か、一般管理費の増加か、支払利息が増加していないかをチェックし、早急に対策を考えなければなりません。

(3) 生産性の分析

①　従業員一人当たり売上高――売上高÷従業員数
②　従業員一人当たり生産性――売上総利益額÷従業員数
③　従業員一人当たり営業利益――営業利益÷従業員数
④　従業員一人当たり経常利益――経常利益÷従業員数

①〜④はそれぞれの売上・利益を従業員一人当たりに換算します。全社的には売上げや利益が伸びていたとしても、従業員一人当たりの生産性が伸びていなければ、経営のやり方に問題があります。

一人当たりの売上げが横ばいでも、一人当たりの生産性が伸びていれば、収益力が向上しているわけですから問題はありません。

一人当たりの生産性が高いか低いかで、会社がうまく運営されているかどうかがわかります。業種にもよりますが、一人当たりの生産性が年間1200万円、月額100万円は欲しいところです。

⑤　労働分配率――人件費÷売上総利益額×100

売上総利益に占める人件費の割合を示す指標です。売上総利益額が高いとこの比率は低くなり、売上総利益額が低いと高くなります。

この比率を50％以下にするのが理想ですが、労働分配率が低くなっても一人当たりの人件費が低くては、従業員の意欲の減退につながることにもなります。

一人当たりの人件費を上げながら、労働分配率の改善をするのが良い会社といえます。

5章

こんな業務改善が強靭な会社をつくる

会議の改善は業績アップにつながる

——「魅力ある会議」にする工夫が足りない

「業務改善」は社長夫人の仕事の大きなテーマです。「幸せのりんごの樹」（35ページ）をりっぱに育てるには、質のよい土壌が必要です。その重要な手段の一つが業務改善です。組織や仕事のあり方をチェックし、改善することを意味しています。対象はいくらでもありますが、優先して取り組みたいのは会議のあり方です。

「会議は時間ばかりかかって内容がない」とよく言われます。「たしかに」と納得する人も多いでしょう。

だれも会議をしたがりません。「取引先に用事がある」とか「忙しい」という理由で参加しない。参加しても発言しない、決定事項を記録しない、さらに実行もしないとナイナイづくしの低調さです。場合によっては、社長自身が会議を嫌っています。

社員の参加意欲が低いのは、社員よりも会議そのものに問題があるからです。魅力のない会議だから、参加したくないのです。マンネリ化して、ダラダラ時間ばかりかかって中身がない会議には誰も参加したくないのです。

社長から一方的に指示を出されるだけの会議、愚痴を聞かされる会議、具体策もなく「頑張れ」という叱咤激励だけの会議、だんまりの時間が空しく過ぎていく会議……皆さんにも覚えがあるでしょう。

なぜ、こうなるのでしょうか。

一つは、社長に問題があります。伝えるべき方針や具体策を持たないまま会議が開かれるので、話が進展しないし、内容が煮詰まらない。独演会になったり、せっかく社員から意見が出ても、否定ばかりする社長もいます。優柔不断な社長だと「君はどう思うか」と、社員に答えを求めるだけの社員依存型になったり、決定事項のない会議になってしまいます。

社員側の問題としては、「言っても取り上げてもらえないから」と、決めつけて発言をしないこと。また成果を上げていないと、言い訳ばかりいう社員もいます。

社長夫人としては、率先して会議資料（業績報告書など）の準備をしたり、社長をサポートすることもさることながら、会議の重要性を社内に認知させたり、社員に発言を促したりして、内容のある会議を習慣づける仕組みづくりをめざしてください。

新しい仕組みを定着させるのは大変ですが、会議の改善は、間違いなく好結果をもたらします。それを信じて倦まず弛まず、社員に働きかけ、会議でリーダーシップをとる作業を続けましょう。

会議を活性化させる仕組み

仕組みづくりの基本は、会議に関連することをできるだけ文書として記録する、ということです。議事録はもちろん、会議の開催や召集の通知、議案や決定事項についても文書として残します。

文書は、内容に応じたフォームをつくってA4版の大きさに統一します。用紙の大きさ、項目の内容や配列が同じであれば、記入も閲覧も整理もしやすくなるからです。

文書と関連づけながら、以下のような会議改善の仕組みをつくっていきます。

①会議への出席を義務づける

「○○会議招集通知」（次ページ参照）という文書をつくり、遅くとも開催の3日前までに配布し、周知します。

「通知」に掲載する内容は、通知日、会議名、開催日、責任者、開催場所、出席者、欠席者、開始時間、終了時間、議案、議長や司会の役割分担などです。

■ 会議招集通知 記入ポイント

会議の目的を最初に明記します

「所要時間」を明確にします

17年6月度　定例幹部会議招集通知

平成17年6月8日

会議名	決算目標必達へ向けた幹部会議		開催日	平成17年6月20日（月）			
責任者	緒方専務	開催場所	本社会議室	欠席者	落合課長(出張のため)		
開始時刻	13:30	休憩時間	30分	終了時刻	16:30	所要時間	3時間
出席者	緒方社長・緒方専務・友田部長・田中工場長・石田課長・西田課長・中村係長・吉田係長						
	黒田主任・三浦主任						
No.	議案						
1	経営理念、品質方針、品質目標、実践行動目標10則唱和（黒田主任）						
2	7月決算へ向けた現状報告（緒方専務）						
3	前回会議決定事項の進捗状況（各部署責任者）						
4	決算時目標必達のための具体的営業戦術（緒方社長）						
5	A社様のクレームに関する報告と今後の対策（石田課長）						
6	イベント来場数・追跡経過の報告と今後のイベント対策検討（中村係長）						
7	製造部生産性向上へ向けた委員会設立について（田中工場長）						
8	決定事項確認（三浦主任）						
9							
10							
準備資料	1	5月度月次試算表					
	2	各部署予実管理シート・本会議担当議案資料					
役割分担	議長	友田部長	司会	吉田係長			
	議事録係	三浦主任					
備考	本会議は、決算時目標必達へ向けた重要な会議になります。						
	各部署内でも充分討議したうえで課題を持って望んでください。						

1．会議資料は開催日3日前までに責任者に提出のこと
2．前回議事録を携行のこと
3．開始5分前までに着席のこと
4．出席者は中座予防に留意の事（電話の応対は休憩時間中に）

会議終了前に次回のそれぞれの担当者を指名します

会議資料は前もって充分に準備します

注意事項、連絡事項などあれば備考欄に記入します

終了時間や所要時間を決めることに注意してください。ダラダラ続けることを防ぎ、中身の濃い会議にするための工夫です。遅刻や会議中の退席を防ぐ注意事項も記載します。

ポイントは、司会を社員回り持ちで担当させること。司会者に指名された社員は欠席できませんし、司会を務めることが参加意識を高めることにもなります。司会者は会議の3日前までに社長夫人が指名し、「通知」に記載しておきます。社員が司会という役割に慣れるまでは、社長夫人がサポート役を務めます。

当日審議すべき議案を、あらかじめ列挙しておくことも重要です。出席者は事前に議案を知ることになるので、すぐに本題に入れます。「今日は何を話し合おうか」といった進め方を避けることができます。また、議案を検討する時間もあるので、活発で充実したやりとりが期待できます。

②事前に議案を決定・通知する

その議案は、前もって出席者から提出を求め、整理・集約しておきます。これを可能にするため、出席者に「会議議案事項記入表」を配布し、会議の3日前までに審議したい事柄の提出を義務づけます。

議案は簡潔にまとめ、1行に一つ記入します。各議案が「提案事項」「指示事項」「報告事項」のどれに当たるかを区別すると、整理しやすいでしょう。

議長あるいは司会者は、出席者から提出された議案を整理して、「会議招集通知」に優先順位をつけて記入します。

③会議を進行する

会議は、「ただいまより○○会議を始めます」などという司会者の言葉で始めます。本題に入る前に、全員が起立し礼をして「お願いします」と唱和してから着席すると威儀を正す雰囲気ができます。経営理念を唱えてから会議に入る会社もあります。

司会者は、「通知」に記載してある順番どおりに議案を取り上げていきます。

決定した事柄については、司会者が内容を適切にまとめます。必要なことを過不足なく盛り込んで、しかも簡潔にまとめるには5W2Hをもとにするとよいでしょう。5W2HとはWho（誰が）、What（何を）、When（いつ）、Where（どこで）、Why（何のために）、How to（どのように）、How much（いくらで）です。

④会議内容を記録に残す

会議には、必ず議事録係を指名します。議事録は、発言者の氏名と内容を1行でまとめるフォームが適しています。質問や指示なども含め、すべての発言を漏らさず記載します。

「1発言1行」の原則は、記入が簡潔になり一覧しやすいという利点があります。

審議結果については「決定」「留意」「繰延」「提案」「報告」「その他」の区別がわかるよう

にしておきます。

⑤決定事項を周知徹底する

議事録から決定事項だけを抜き出し、「○○会議決定事項一覧表」に記載します。審議日と決定事項、社長決裁を「1事項1行」の原則でまとめます。

もとになる議事録を参照できるように、各決定事項が議事録の何ページの何行目に記載してあるかという情報も付加します。

「決定事項一覧表」は、会議の種類別に、責任者、あるいは担当部門が作成し、全社員に回覧、通知します。口頭で伝えるだけでは、内容が正確に伝わらない、何が決定したか曖昧になる、暗黙の了解になる、といった弊害が出ます。「会議で決まった」ということの重みに鈍感になります。

きちんと文書という形にして配布することで、会議の参加、不参加に関わりなく、共通の認識を持つことができます。

このような仕組みづくりには、会議関連の定型文書を作成することから着手するのが適切です。社員がそのような文書を作成することが会議の仕組みづくりを促します。

――決定事項は必ず実行させる

会議の仕組みが定着するまでは、社長夫人の細かな気配りが必要です。通知や会議録、決定事項一覧などの文書は社長夫人がチェックし、不適切な部分は訂正を指示します。会議の最中でも、進行が滞ったり、話が議案から逸れたり、話し合いが空転したり紛糾したりしたときには、社長夫人が舵取り役を務めます。会議の意義を伝え、参加を促す動機づけも社長夫人の役目です。

社長は、会議で決定した事項を点検して、内容の適否、優先順位などを決裁します。重要なのは、決定事項を実行に移すことです。社長は、関連する担当部署、社員に決定事項の実行をきちんと指示します。「決まったことは実行する」の原則は社員の義務です。決まっても実行しないのでは、会議の意味がないし、重要性や権威が損なわれます。

決定事項の実行状況や実行結果は、必ず会議で報告し、できていなければ、改善策を話し合って決めます。

決定事項は文書として残すだけでなく、すべてパソコンに入力することをお勧めします。パソコンに入力しておけば分類や並べ替えが容易ですから、内容によって分類し、優先順に並べるなどして整理します。

決定事項の内容はさまざまでしょう。中には、社内規定として加える事柄もあります。たとえば、建設会社の会議で、「工事現場で大工さんたちがタバコの吸い殻をほったらかしたり、ジュースの空き缶も置きっぱなしにし、施主に迷惑をかけている。吸い殻や空き缶は必ず自分で持ち帰ろう」と決まったとします。しばらくは守られるでしょうが、そのうち同じことを繰り返してまたクレームが出るのはありがちなケースです。

これを社内規定として加えれば、守れなかった人に対して規律違反として正式に注意できます。その場かぎりの口頭注意に終わらせずにすみます。

ほかにも、事務処理や作業管理に関わる事柄や、現場管理のルールに関する事項もあり得ます。それらを社内規定化すれば一過性にならず、継続的なルールとして定着できます。他からの押しつけではなく、自分たちでつくったルールですから定着も早く自主的に遵守されるでしょう。

――会議こそビジネス力アップの場であることを教える

会議の仕組みづくりと併行して、社員の意識改革にも取り組む必要があります。

会議は、社長にとっては「意見の吸収」です。社員の側から見れば「意見の発表」です。社員が自分の考えや提案を、社長や他の社員にアピールする場です。「自分を経営陣に売り込むよい機会、自分のために会議を積極的に利用したらいい」――。社長夫人は折りに触れて、そう社員に伝えましょう。それが会議参加の動機づけになり、参加意欲を高めます。

会議は、社員の学習の場、学習の手段でもあります。

人前で自分の考えを主張することはプレゼンテーションに通じます。会議で、自分の考えをいかに正確に、しかも効果的に伝えるか。それを工夫することは、プレゼンテーションの力を向上させます。

人と議論を戦わす技術、人を説得する技術、異なる意見を聞き調整してまとめる技術、議論を適切にコントロールする技術、会合をスムーズに進行させる技術、アイデアや企画を考える技術など、会議には多様な技術が集積されています。その気になって臨めば、積極的に自分の技能を磨くこともできるし、他人の技術を学ぶこともできます。

そつなく司会をこなした社員を「いろんな

意見をうまくコントロールできた」とほめる。

意見の発表がうまい社員に「君はプレゼンがうまい」と評価する。

異論の多かった自説を、議論の末に多くの人に納得させた社員に「その説得力は営業に生かせるはず」と伝える。

このように、社長夫人は会議の持つ技術的要素、教育的側面を示唆するなど、きめの細かいフォローをしてください。社員は会議から得るものが大きいことに気づくはずです。

会議の中で模範を示せるよう、会議に関わる技術を習得することも社長夫人の課題の一つです。

――会議を通して社員の価値観向上を図る

会議は、単に情報のやりとりの場ではありません。会議の役割として、往々にして忘れられているのが、前述の教育の場として側面です。さらに言えば、会議は社員に対する動機づけの場、価値観醸成の場でもあります。

会議で社員の意見がなかなか出ないのは、発想やアイディアが不足していることにも原因があります。着眼の訓練や発想の転換は、仕事に対する高い心構えや価値観を身につけることで、どんどんレベルアップしていきます。仕事に真剣に取り組み、目標を達成するために意欲や責任感を持つという心構えが育てば、意見も活発に出てきます。

社員としての心構えや価値観を育てる鍵は、社長の人生理念です。

社長は、会議の席で繰り返し自分の人生理念を説いてください。何かを決定したときには、その理由や根拠を、人生理念と関連づけて説明してください。そうすることで、社長の人生理念は社員に浸透していき、仕事に対する心構えや正しい価値観を育てていきます。

さらにいえば、会議の席に限らず、社長自身の生きざまこそが、人材育成の生の教材です。社長の一挙手一投足を見て社員は学びます。

「会社は、経営者の器以上にはならないし、器以上にしてはいけない」と言われます。自らの器を大きくするために、常に正しい人生理念を磨く努力をして欲しいと思います。そのためにも、もし社長が間違っていると思ったときは、はっきり意見が言える社長夫人になってください。

会議の充実は、たいへんな根気とエネルギーを要しますが、組織風土がよくなるし、業績もよくなると確信しています。

＊　＊　＊

この項については公認会計士の島田信愛《のぶよし》先生の『ＳＭＳＳ全書』を参考にさせていただきました。

報連相は社員のマナーとして教える

――報連相は「義務」ではなく「マナー」である

ビジネスで「ホウレンソウ」と言うと「報連相」、つまり報告、連絡、相談のことを意味します。

報連相は、社内で情報を伝達する基本的な手段です。仕事の進捗状況、必要な情報の提供、問題の発生や解決などは、すべて報連相によって行なわれます。報連相は、情報を共有化しコミュニケーションを深め、協力体制を確立し、仕事の効率化をもたらします。

このことから報連相は「社員が当然行なうべき義務である」とされます。

しかし私は、「義務」という言い方に少し違和感を覚えます。「義務」という言葉には、上の人から命令されて仕方なく行なうというニュアンスがあるからです。

私は、報連相は義務以前のこと、すなわち人から言われてするものではなく、自分から進んですることが当然のことと考えています。

「報連相はマナーです」――。

私は、このように言っています。マナーですから、ふだんの挨拶のような感覚で実行するものとしてとらえてほしいと思います。

――報連相の基本が理解されていないから問題が起きる

いま日本語は乱れていると言われますが、ビジネスの現場では言葉の意味の取り違えはミスにつながります。

ある会社で、社長夫人が女子事務員に「先日社長が、○○をすると言われていたけれど、その後どうなっていますか」と尋ねたのに対して、事務員は「社長から報告がないのでわかりません」と答えるのを耳にしました。なんと分をわきまえない言い方でしょう。

会社における「報告」のことがわかっていないのです。会社での「報告」とは、本来、部下から上司に対して行なうものです。ですから、社員が「社長から報告がない」という表現は間違っています。上下関係を無視した言い方です。

「報告」と「相談」は、部下から上司に対して行なうもの。「指示」と「命令」は上司から部下に伝えられるものです。「連絡」は各部署や同僚に通達事項や連絡事項を知らせるものです。

このような基本が意外に理解されていないために、「聞いていなかった」とか「知らなかった」という問題が起こるのです。

誰が誰に「指示・命令」すればよいのか、誰が誰に「報告・相談」をすればよいのか、誰が誰に「連絡」するのか――常に、このことを明確にしておく必要があります。

――報連相は自分を売り込むチャンスだと教える

私は社員の皆さんに向かって、「報連相は自分を売り込むチャンス」ということもよく言います。

特別な用事もないのに上司や社長と話をするのは難しい。時間をとらせ仕事の邪魔をするのは申し訳ないという気持ちがあるし、うるさがられるかも知れないという不安もあります。

しかし、報連相は仕事の一環です。しかも「義務」とさえ言われる重要な仕事です。仕事なら遠慮することはありません。どんどん報告したり、連絡したり、相談すればよいのです。

報連相という形にすることで、社長や上司に自分の考えを伝えることができます。自分を理解してもらうことにもなります。つまり報連相を自己PRの手段としてとらえればいいのです。PRなら、積極的なほど、頻繁に行なうほど効果が期待できます。

さらに報連相を介して、上司や社長の考えを聞き、心の奥を知ることもできます。何かを判断するときの基準がどのあたりにあるのか伺うつもりで報連相をするのです。

　こうした相手の感触を探るのは会議でも同じように利用できますが、上司や社長と一対一で話ができるのが報連相の利点です。この利点を存分に利用しないのは、むしろもったいないことだと思いませんか。

「報連相はマナーであり、自己PRの手段である」――社長夫人は、機会あるごとに、このことを社員にしっかり教えてください。

　報連相を怠っていると気づいたら、「○○のことを社長に報告しましたか」「部長に報告しましたか」と声をかけましょう。

　社員は、社長より社長夫人のほうが言葉をかけやすいので、報連相も社長夫人に対して行なう傾向が見られます。社長に報連相すべき事柄を社長夫人にしてきたときは「それは私ではなくて、社長に報告してください」ときちんと伝えます。

　社長夫人が聞いて、それを社長に伝えるということでは「社長に報連相をする」という習慣が定着しないからです。

――社員が報連相しやすい環境をつくる

　報連相を習慣づけるには、社員を教育するだけでなく、報連相しやすい体制をつくることも心がけるとよいでしょう。報連相を受ける側の問題です。

社員が「○○について、報告してよろしいでしょうか」と言ってきたときに、「いま忙しいから、手短にしてください」

「忙しいのは見ればわかるでしょう。後にしなさい」

などと言っては、社員の「報告しよう」という意欲に水を差すようなものです。こういうことがたびたびあれば、社員が報連相に消極的になるのは明らかです。

社員にとって報連相しやすい雰囲気をつくるためには、次のような点に留意するとよいでしょう。

・仕事の手を休めて相手のほうに向く

仕事をしながらでは、社員の報連相をいい加減にしか考えていない印象を与えます。

・きちんと耳を傾ける

集中して熱心に聴きましょう。社員の話が一通り終わるまで、途中でさえぎらないようにしましょう。

・重要な点はメモしたり確認したりする

人の話を聞く基本です。社員の話を重要なものとして受け止めているということを言外に伝えることにもなります。

・冷静に聞く

特に「悪い」内容の報連相を受けるときが肝心です。頭ごなしに怒鳴ったりするのは厳禁です。「悪い」報連相があがってこなくなるのは経営上、大問題だからです。

・言葉で反応を返す

「ご苦労さま」「お疲れさま」などとねぎらう。「よくわかりました」「上々ですよ」などとほめる。あるいは必要なアドバイスをするなど、受けた報連相にきちんと応えます。

・報連相にかこつけて説教しない

本来の用件以外の説教をしたりするのは止めましょう。説教そのものが嫌われますし、そのせいで時間が長引き、社員の一日の予定を狂わせてしまうことにもなります。

・時間を置いても答えを出す

社員から報連相を受けて即答できない内容については、「ちょっと考えてみます」「少し時間をください」などといって留保する場合があります。その場合も、あとで必ず「先日の件だけど、こんなふうに考えてはどうでしょう」などと答えましょう。回答までの時間があくと、社員は「自分の話を上司は考えてくれていたんだ」という思いを強め、信頼を深めることになります。

コラム ガンバる社長夫人

会社は組織であり、社長がいて成り立つものという意識が希薄でした。重い責任を感じています。

小田朝香さん（46歳）
株式会社アスカジャパン　専務取締役
［保険代理業］

基礎データ

社長の清登氏（48歳）が1984年に損保代理店として独立。1997年に有限会社小田保険センターとし、同時に生保も始めた。2005年の株式会社化と同時に現社名に変更。福岡県久留米市に本店のほか3店舗を展開。平成16年度の年商は6000万円（手数料収入）。従業員は12名。

「社長の夢の実現と従業員の幸せを実現することをお手伝いするのが社長夫人の使命です」という矢野先生のひと言で、自分の仕事が何かわかったような気がします。

まず、社長の夢を押えつけるようなことは言わないようにしました。

「久留米市内に10店舗出して、車で30分も走れば、うちの店があるようにしたい」「その次は20店舗だ」とか「インターネットを使って全国を相手に商売をする」などと社長の夢をよく聞かされます。これまでだったら、「夢みたいなことばかり言って」「そんな大変なことをしなくても」などと言ったものでしたが、いまはお手伝いをしようと思っています。

会社では意識して社長を立てています。互いに言いたいことを言いながら、ずっと夫婦でやってきたので、会社は組織であり、社長がいて成り立つものだという意識が希薄でした。それがようやくわかったんです。

「従業員の幸せの実現」ということでは、会社を経営することに初めて重い責任を感じました。若い社員はやがて結婚して、子どもができます。そのときに、ちゃんとお給料を払うためには、会社を大きくしていかないといけない。

地域でそこそこの会社になったし、お金に困るわけでもないし、社員にもきちんをお給料を出せる。借金の返済に追われることもないので、少しぐらい赤字になってもまったく気にしなかったのですが、会社が伸びていく延長上に社員の幸せもあると思えば、そんな安易な考えはできませんね。それに、社員の将来のためにと思えば、仕事にも、いままでより前向きに取り組めます。

講座で学んだことや考えたことは、1枚のレポートにまとめて、次の日に「こういうことを学びました」「私はこういうふうになります」などと報告しています。「私の使命は社長の夢の実現と従業員の幸せです」などと言えば、社員たちはあっと思うでしょうし、私も、そう言った手前、ほんとうにやらなきゃと思いますから。

うれしいことに、そうして私が学んできたことを伝えることで、社員が育ってきています。「私も勉強したい」と言う女子社員が出るなど社員のレベルアップを感じています。

月次決算ができる仕組みをつくる

——会社の現状把握には短サイクルの決算が不可欠

一般に、会社で行なう決算は、1年に1回のペースです。いま現在の企業活動がどのような状況にあるのか、どれくらい利益を生むのか、などが最終的にはっきりするのが最長で1年後です。企業を取り巻く環境が目まぐるしく変化する中では、こんなテンポでは遅過ぎます。

毎月、あるいは毎日というサイクルで、会社の経営状況を明らかにしていくことを目指しましょう。月次決算、日次決算の仕組みをつくるのです。

健全な経営、経営基盤の強化のためには、経営上の問題点をできるだけ早く発見することです。その発見が早いほど、適切な対策をとることができ、問題を大きくせずにすみます。早めの軌道修正が可能になります。

問題点の早期発見のためには、経営状態をリアルタイムで把握することが前提です。それには、決算のサイクルが短いほどよい。最短のサイクルが日次決算です。日次決算は、経営の安定と成長の生命線とさえ言われます。

月次決算、日次決算の仕組みづくりは社長夫人が行ないましょう。会計事務所にまかせきりにすると、各月の決算が翌月の2週間~1カ月後ぐらいになるのがふつうだからです。

「毎日、あるいは月ごとに決算してください」と言うと、ほとんどの社長夫人は尻込みします。「1年に1回の決算でも大変なのに…」「そんな能力はないから」というわけです。

私が多くの会社をお手伝いした経験から言うと、月次決算も日次決算もすぐにできます。年1回の決算に比べて、数字は小さいし処理するデータも少ない。やる気があって処理の基本さえ押えれば、誰にでも可能です。さらに月次決算がきちんとできれば、年度末の決算はその積み上げですからもっとラクに作成できるようになります。

——翌月7日までに月次決算をまとめる

月次決算と日次決算は関連しているので、両方を同時に導入するのがベストですが、それが難しければ、月次決算を優先します。

月次決算は、勘定科目など基本的には年次決算と同じです。月ごとにまとめる点が異なるだけです。

第一に、その月に発生したお金のやりとりに関するものを計上します。売上高、仕入高、売掛金回収、買掛金支払い、人件費や経費の支払い、借入金の支払いなどです。

第二に、年単位で発生する支払いなどを計上します。年間の見積金額を12等分して月割りで計上するのが原則です。減価償却費、固定資産税、賞与、保険料などが対象になります。

月次決算は、毎月、遅くとも翌月7日までに完成するようにしましょう。それより遅れては、スピーディな経営分析、経営判断に役立ちません。

月次決算が軌道に乗り、正確に処理できるようになったら、日次決算に取り組みます。

日次決算では、販売や仕入れに伴う現金の入金と出金、普通預金や当座預金の入金や払出し、販売費や一般管理費などを計上します。

月次決算を部門ごと、店舗ごと、商品ごとの数字がわかるような内容にできれば、現状をよりくわしく把握でき、対策も立てやすくなります。最初は大枠をとらえる程度の内容とし、段階的に詳細で精度の高いものにしていけばよいでしょう。

――経営情報が速やかに経理に集中する仕組みをつくる

月次決算、日次決算の仕組みづくりは、経理部門だけの問題ではなく、社内組織のあり方と関係します。

たとえば、仕入れ先が発行する請求書。正確な計上を優先させるため、まず仕入部門でチェックし、その後に経理部に回すケースが多いものですが、この処理が大幅に遅れると、その月の決算に計上できなくなり、かえって正確な決算ができません。

経理以外の部門が行なう取引先への請求、売掛金の回収、社員の立替経費の精算など決算に必要なデータはすべて、月次決算に影響が出ないように、速やかに経理部門に集約する必要があります。そのためには経理以外の部門との連携と協力が不可欠です。

そこで月次処理を行なうための業務フローをつくり、社員に徹底します。ポイントは、お金に関する処理のスピードアップと、経理部門と他部門の連携強化です。

本来、経理部門（総務・経理部門）は、会社の中枢部、会社の心臓部です。販売・営業部門、仕入れ・購買部門、生産・製造部門、工事部門、総務・管理部門などの情報は、すべて経理部門に集約されなくてはいけません。

特に販売・営業部門との連携は重要です。たとえば、販売部門が立てた売掛金の回収計画が経理部門に回ってこないと、資金繰りの計画が組めません。

同じ意味で、販売計画や目標、そのための販促計画、販売予測、そして実際の販売実績などについて、適切なタイミングで経理部門に伝わる必要があります。

他の部門からは、次のような情報を経理部門に伝えます。

・仕入れ・購買部門――仕入れ計画と実績、在庫状況など
・生産・製造部門――生産計画と実績、製造原価、仕掛品などの状況など
・工事部門――工事計画、受注状況、完成実績、工事原価、諸経費など

経理部門への情報の集中、情報一元化の仕組みづくりは、業務フローやマニュアルを作成し、会議などで徹底するところから始めます。月末ごとに、決められたとおりに行なわれているかどうかチェックし、できていなければ、その部門に指示どおりの実行を命じます。

同時に、実現不可能なフローになっていないか、改善点がないかを常に検討して、情報集約の仕組みを確立させていきます。

私は以前ある会社の経理をしていたとき、月次決算はその月の月末に実施していました。社長夫人の皆さんは、月次決算が遅れる理由をいろいろ言いたてますが、適切な仕組みを作れば、必ず実行できます。

勤務体系の見直しは利益アップをもたらす

――勤務時間を減らすと生産性が向上する

中小企業では、一人の社員が複数の仕事をこなすのがふつうです。いつも忙しく、時間に追われながら働いています。残業も多い。まじめな社員ほど無理をしがちです。

社員は、社長が敷いたレールを走らざるを得ません。自分でレールを敷き変えることはできませんから、経営する側が配慮しなくてはならないことです。

「ボトムアップによる企業活性化の体系図」の中に、「経営者の夢の実現」とともに「社員のライフプランの実現」が掲げてあったことを覚えていますか（102ページ）。社員が快適に健康に働ける条件や環境を整えるのは経営者の役割であり責務でもあります。

社長夫人は、社員の健康状態などに注意してください。同時に、人の配置や勤務体系（就業時間、出退時刻、残業、休暇など）、職務内容をチェックし、社員に過度な負担を強いていいないか、負担を軽減できる工夫はないか検討します。

仕事の内容にふさわしい勤務体系になっているか、社員が定着するような会社になっているかという問題意識も必要です。

商業デザインの会社を手伝ったことがあります。社長の希望は、ビジョン実現のために強い会社にしたいというものでした。そこで現状を調査した結果、3つの改善ポイントを提案しました。1つは外注に出していた経理を自社で行なうようにする（経理の自計化という）ことで、いわば業績管理の仕組みづくりです。

それ以外の2つのポイントは勤務体系の改善でした。

第1は、社員一人当たりの生産性（売上総利益額を従業員数で割った金額）の向上です。経営分析の結果、一人当たりの生産性に問題がありました。全額は月当たり44万円。金額の多寡はともかく、問題なのは、3年間この数字がまったく同じで伸びていないということでした。これは、社員が成長してない、力をつけていないことを意味します。

デザインというクリエイティブな仕事には、限りなく仕事があります。アイデアを出すだけでも時間がかかるし、「これで完璧」という基準がないので、高い完成度を求めれば、それだけ手間がかかる。限度がありません。それで残業になり徹夜も多い。なにしろ「遅くとも、翌朝の始発電車で帰りましょう」と話し合っているくらいでした。

社員に聞くと、アイデアを出すのにいちばん時間がかかることがわかりました。いいアイデアを出すには、常日頃からの仕入れが必要です。いろいろな本を読んだり、映画を観たり、芸術作品に触れたり、街を歩いたり、人と話したりしてアイデアの種を仕込む。徹夜して明け方に帰るという生活では、その余裕がありません。

第2は、社員の定着化です。社長の考えは、「社員は3年で辞めるものだ」というものでした。デザイン専門学校の新卒は、採用後3年間は見習いとして給与を安く抑えることができる。しかし、3年を超えると給与を上げなくてはならないから、転職を希望する社員はあえて引き止めないという考え方だったのです。

仕事への不満からではなく、さらに技術を磨くための転職が多いのは、この業界の特徴でもあり、社長もそれを当然のことと認識していました。

けれども、入社3年と言えば、ようやく仕事を覚える頃です。利益をあげるような仕事ができるのは、このあとです。そういう時期に辞めさせるのは、会社にとってもマイナス。目先の出費にとらわれ過ぎて、3年間の投資をどぶに捨てるようなものです。

私の提案は、「経理の自計化」と「残業は止める。遅くとも夜9時にはあがる。その分、勉強してもらう」こと、それに「3年で退職という慣習を改めて、長く勤めてもらう」ことの3つ。これを社長の承諾を得て、社員に伝えました。

その成果はめざましいものでした。翌年の決算で、一人当たりの生産性がいきなり20万円も上がって月64万円になったのです。社員は10人ですから合計で月200万円、年間で2400万円にもなります。経常利益額がそれだけあがったことを意味します。前の年の経常利益が10万円だったのと比べれば、驚異的な伸びです。

いい循環ができれば、社員の一人当たりの生産性は上がることはあっても、下がることはありません。1年目に税金などの未払いをすべて清算し、2年目には内部留保ができるようになり、銀行が「お金を借りてください」と言ってくるほどになりました。

勤務体系の改善は、単に社員の健康維持に役立つばかりでなく、回り回って業績のアップにつながることがよくわかるケースです。

6章

社長夫人流の人材育成が会社を支える

社長夫人は「しつけ」によって社員を育てる

──人材育成の基本は子育てと同じ「しつけ」

企業は、あくまでも正しい経営理念を基軸に利益を追求し、社会に貢献することを目的にしています。そのような組織の一員として、社員を社会に貢献する人間に育てることが人材育成の目的です。それを喜びとして会社を変えている社長夫人たちが増えてきました。

会社の人材育成では、社長は父親の役目、社長夫人は母親の役目です。父親と母親それぞれが得意なことを活かしながら、社員を育てることが基本です。

たとえば、人材育成の重要な課題である幹部社員の育成を図る場合、経営理念を伝えたり、経営的な考え方や感覚を教えたり、幹部としての能力を身につけさせるのは社長の役割です。社長夫人は、社長を補佐しながら、人間性に関すること、具体的には幹部社員としての「しつけ」や動機づけを受け持ちます。いわば、幹部社員としての器づくりです。

このように社長夫人が行なう人材育成の基本は「しつけ」です。一人前の社会人として、会社の一員としての作法や仕事の習慣を身につけさせるのです。

具体的には、きちんと挨拶する、組織の人間としての言葉づかいをする、決められたことをしっかり守る、社員として恥ずかしくないふるまいをするなどです。

皆さんは、社員を見て「子どもではないのだから、こんなことはできて当然」と感じますか。それとも、「えっ、こんなこともできないの」と感じるでしょうか。

残念ながら、実態は後者です。多くの社長は、そのことに強い不満を持っています。「こんなことはできて当たり前。なぜ君たちはできないのか」と憤慨する社長もいます。

当たり前のことが意外にできていない。社長夫人はまずこの現実を受け入れてください。ここがスタートラインです。子育てと同じように考えればよいのです。

子どもは成長するにしたがって、次第に能力をつけていきます。一気に高い能力を身につけるのではなく、少しずつ必要な能力を習得していきます。子どもを持つ社長夫人ならわかるでしょう。

社員を育てるのも同じです。しつけには時間がかかります。一朝一夕に目標のレベルを達成しようなどと考えないことです。叱るだけでは進まない。ほめたり、叱ったりしながら気長に取り組まなくては失敗します。

こういうことは、男性は苦手です。だからこそ社長夫人が担当するのです。子育ての経験があれば、それを思い出しながら人材育成に活かしましょう。

――挨拶は意識しなくても自然にできるようにする

出社したら「お早うございます」、退社のときは「失礼します」、お世話になったときは「ありがとうございます」、外出するときは「行ってきます」、帰社したときは「ただいま戻りました」などと並べてみると、家庭での挨拶とほとんど同じです。それが家庭ではできても、会社ではできない。もしかすると、家庭でもしていないのかも知れません。

社長夫人は、常に「挨拶をきちんとしましょう」と社員に呼びかけます。朝礼などで唱和するのも効果があります。意識しなくても自然にできるようにするのが目標です。週間目標、月間目標などとして掲げ、社員に実行させる方法もあります。

社員同士の呼び方は「さん」付けの名字を使い、役職を持つ社員は役職名、あるいは名字に役職名をつけて呼ぶのが基本です。社長夫人を「奥さん」と呼んだりするのは厳しく禁じます。電話の受け方、来客への対応の仕方なども含め、いわゆるビジネスマナーとされる内容は、すべてしつけの対象です。

挨拶も言葉づかいも、社長夫人が率先して実行しましょう。社内セミナーを開催する、マニュアルを作って配布するなど、いろいろ方法があるはずです。
得意先や顧客に対する挨拶や言葉づかい、立ち居振る舞いなどは業績に直結します。社内のマナーより、いっそう注意深く教え徹底する必要があります。社長夫人が基本を教え、ベテラン社員が現場で磨いた実践的なノウハウを教えるというふうに分担するとよいでしょう。

――決められたことをきちんと守る習慣をつけさせる

社内のルールなど決められたことを守る、指示されたことをそのとおり実行する、といったこともしつけの基本です。ごく当たり前のことですが、絶えず社員にそう言い聞かせ、できているかどうか注意しましょう。「何度も言ったから」「強く指示したから」と安心していると、思いもかけない落とし穴があったりします。

「なぜ、こんなことがちゃんとできていないの！　信じられない！」――。

つい最近になって、社員が皆、出勤簿に押印していなかったことを知った社長夫人は、思わずこう叫んだそうです。

ことが発覚したのは、会議のときに事務員がぽろりともらした「みんな出勤簿に押してくれないんですよね」というひと言からでした。

出勤簿は毎月きちんと社長夫人のところにあがってきていたので、びっくりして問いただすと、ひとりの事務員が「それは私が押しているんです」という答えでした。監督する立場の部長までが「会社がもう止めたのかと思っていた」と言ったそうです。予想さえしなかったことでショックが大きく、社長夫人はつい声を荒げ涙を流して怒ったのでした。

業績もよく経営もしっかりしている会社でさえ、このようなことが起こるのです。

何か問題が起こったとき、たどっていくと過去に決めたことをおざなりにしたことが原因だったというケースが多々あります。

決めてからしばらくは実行していても、時間が経つにつれてうやむやになっていき、いつの間にか実行されなくなるというのがよくあるパターンです。

ある会社では、車の鍵のかけ忘れで盗難に遭ったとき、社内規定として「出先で車を降りるときには必ず鍵をかけよう」と決めたにもかかわらず、何年か後に同じトラブルが起こりました。

社長夫人は、そういう気のゆるみや心のスキをいち早く見つけて対処する必要があります。

重要なルールは口伝えで指示するだけでなく、社内規定として文書化することが効果的です。

決めたことやルールを守ることは、自分の行動に責任を持つことを意味します。各社員が決められたことに責任を持つこと、その責任を果たすことで組織は成立し動いていくのです。

仕事に対する責任や会社に対する責任は、実は、自分自身に対する責任でもあります。自分が自分自身を高め成長させるという責任です。目標や決まりごとを守るように努力することが、その責任を果たすことになります。それをしないことは自分を貶《おとし》めていることになります。そのことに社員が気づくように育てることが大切です。

決めたことは、社長・社長夫人自身が守り続けないと、悪しき習慣を変えることはできません。もし、社長・社長夫人がやり続けることを止めたときは、社員も止めるものだと思うことです。

――ルールの意味や理由を教えると遵守意識が強まる

決まりやルール、目標、指示などには、それぞれ意味や理由があります。それに納得すれば、社員は積極的に守るようになるはずです。単に「これを守れ」「これを達成しなさい」というだけでなく、「なぜ、守らなくてはいけないのか」「なぜ、達成すべきなのか」という意味と理由を伝えるのです。

先の出勤簿を例にとると、出勤簿の押印がいい加減になるのは、その本当の意味がわかっていないからです。「出勤簿は単に管理のためのもの」と社員が考えているせいかも知れません。

出勤簿は、会社に在籍し、そこで仕事をしていたことを証明するものです。その会社で就業したことの客観的な証拠なのです。給与や賞与を計算するベースになるものですし、万が一労

災事故が発生した場合の手続きにも出勤簿が必要です。退職時には失業手当を算定する資料となります。出勤簿は、社員が管理されるためのものではなく、社員自身にとってきわめて大切なものなのです。社長夫人は、社員全員にそういう説明をして「だから、人任せにしてはダメ」と話したそうです。

この会社の社員の皆さんは、おそらく初めて出勤簿の意味と重要性を知ったのではないでしょうか。根本的なことをきちんと説明する、その大切さを教える。そうすれば、社員は納得してルールを尊重する気になるものです。

他にも、たとえば営業社員に週間レポートの提出を義務づけるのも同じです。「得意先の当社に対する評価を知るため」「目標達成度をリアルタイムで把握したいから」などと目的や理由を話せば、それにふさわしい内容のレポートを上げてくれるはずです。「これを調べて書けばもっとわかりやすくなるのではないか」など自主的な工夫が出てくるかもしれません。実績表を渡して「ここに数字を埋めてくれ」というだけの指示では、こうはいかないでしょう。

「なぜ、それをしなくてはいけないか」をきちんと話すことが社員のしつけになり、同時に創意工夫を促すことになります。

しつけができてくると、会社が変わります。社員に甘えがなくなり雰囲気が引き締まってきます。仕事に対する気配りや責任感が定着します。これまでできなかったことが、できて当たり前になります。

その過程で、こうした変化について行けない社員が出てくることがよくあります。自分から辞めていく場合もあります。能力の問題かもしれませんし、不満が原因かも知れませんが、これは「しつけ」「人材育成」という面では、むしろ、よいこと、歓迎すべきことと考えましょう。社長夫人のやり方を多くの社員は受け入れ、それについてきたのですから、「厳しすぎたか」と心配するのではなく、「これからはもっとよくなる」と前向きにとらえましょう。辞めた社員に代わって入る新入社員は、最初から「ルールを守ることが当たり前」の社風の中で育つからです。

社員との信頼関係はコミュニケーションをとることから

――自分にできる方法で社員に近づき人間関係を築く

人を育てる基盤は相手との信頼関係です。社員とのコミュニケーションを深めることが信頼関係をつくる基本です。

「コミュニケーションをとる」というと、言葉のやりとりだけを考えがちですが、行動面も同じように重要です。たとえば、挨拶をする、声をかける、ほめる、アドバイスをするなどは、言葉を伴いますが、それ以上にこうした行動をとることに意味があります。相手への働きかけは、相手に対する好意や関心をアピールするからです。

挨拶や声かけは、その気になれば、すぐにでも実行できます。相手に近づき相手をきちんと見て、相手と目を合わせて言葉をかけます。こちらから近づくことが肝心です。

3つの斎場を持つ葬儀社で専務取締役として活躍する社長夫人は、「私は、今年からできるだけ社員の皆さんに近づこうと決めました」と言って、積極的に挨拶や声かけを始めました。社員の誕生日には、メッセージを添えてプレゼントを贈るそうです。

ある設備管理会社の業務は浄化槽の清掃が中心。いわゆる3Kの仕事に励む社員をサポートしようと、社長夫人はいろいろな心づかいをしています。ほとんどの社員は外回りに出るので、冬ならば温かいお茶を、夏ならば冷たいお茶を氷と共にポットに入れ、それぞれの社員に毎日持たせています。夕方は夕方で、疲れて空腹で帰社する社員のために、毎日、近所の焼きたてパンを買って用意しています。社員の制服の洗濯もすべて社長夫人がしています。

建築会社の社長夫人は、ときどき自宅で作ったカレーを会社に運び、社員に夜食としてふるまい喜ばれていると言います。

社員に近づき人間関係をつくる手段は、いろいろあります。自分にできること、得意なことから始めてはいかがでしょうか。

――社員の立場に立ち、社員の話を聞く

自分の話を聞いてもらえることは、誰にとってもうれしいものです。自分の存在や話が認められていると感じて自尊心が満たされます。腹が立つことや心配なことがあるときは、人に話を聞いてもらうだけで気持ちがすっきりします。悩みなどは、話を聞いてもらううちに整理が

ついて解決の糸口が見つかることもあります。「聞く」ことは一見受動的な行為ですが、コミュニケーションの手段として重要な働きをするのです。

いつも苦虫をつぶしたように不機嫌な社長が、話を聞いてあげるだけでご機嫌になるという例を、私はいくつも体験しています。社員も例外ではないでしょう。

社長夫人は、聞き上手になってください。社員が話しかけてきたら、きちんと耳を傾けます。結論を急いだり、反論したり、自分が話を引きとってしまったりしないで、聞き役に徹します。社員の立場に立ち、社員の気持ちに寄り添って話を聞きましょう。

社員が打ち解けてくるほど、本音が聞けるようになって社員に対する理解が進み、それぞれの性格や気質に合った育て方ができるようになります。

気安く話せるようになった社員が、会社や社長に対する不平不満を社長夫人に訴えてくることがあります。単に社長夫人を不満のはけ口にしていることもありますが、「自分の言い分を社長に伝えてほしい」という気持ちで話すこともあるはずです。社長夫人に言えば、うまく社長に話してくれるだろうと期待しているのです。

社員の不平不満を社長にどう伝えるか、なかなか難しいところです。「誰々が、こんなことを言っていました」などと、社員の言葉をそのままストレートに伝えると、社員に不利になるという意図しない結果を招くことがあります。告げ口になってしまうのです。そのせいで社員が社長に怒られたりしたら、社長夫人への信頼感は完全に吹き飛びます。以後、心を開いて話すことはなくなるでしょう。

家庭の中で父親と子どもの間に立って、子どもの言い分を聞いて、父親に伝えるのは母親の役目です。子どもが言いたいことの本質を聞き分けて、そのうえで慎重に言葉を選んで父親に伝えようとするでしょう。母親は、父親と子どもの間の調整役です。

会社でその役目をするのが社長夫人です。社員の言葉をよく消化して、「何が言いたいのか」を理解し、それを社長夫人の言葉で社長に伝えるのです。社員にプラスになることは別にして、批判や不満などはどの社員が話したか伝えないほうがいいでしょう。社長夫人自身が考えたり、感じたりしたこととして話せばよいのです。

――社員のことを思えば厳しいことも言える

社員を育てるためには、言いにくいことも言わなくてはなりません。社員にとって耳障りなことも話さなくてはなりません。多くの社長夫人は、そのことで悩みます。

「自分が社長の側について、社長の言葉をそっくりそのまま社員に伝えたり、社長が口にもしていないことを先取りして言うのは、社員にとってはいやなことではないか。いやらしいと感じるのではないか」――。

そのように考える根っこには、「社員によく思われたい」「社員にいやな顔をされたくない」という気持ちが働いています。それで、社員に遠慮する。気を使って、言いたいことが言えなかったり、遠回しに言って相手が気づくのを期待したりする。これでは「しつけ」はできません。

「社員に悪く思われないか」とひるむヤワな自分を乗り越えるのに必要なのは、「自分がすることは社員のためになる」という確固とした思いです。その確信を持てるまで、多くの社長夫人は悩みに悩むようです。

「私はずっと自問自答を繰り返していました」と話すのはレンタル会社の社長夫人。「決まったことはやり続けよう」「挨拶をしよう」と細かい注意を繰り返して熱心にしつけに取り組みながら、「これは自分のエゴではないか。経営者の私利私欲のためではないか」という葛藤があったそうです。

長いこと悩んだ末にたどり着いたのが、

「社員と経営者は車の両輪だ。社員の自己実現と会社の成長発展は一体だ。会社をよくするには責任を持って規律を守ることが絶対条件。それは社員のためにもなる」

という考えでした。「私利私欲ではなく社員のため」と確信を持った。それからは迷うことなく、社員に厳しく接することができるようになったそうです。

母親は、子どもが憎くて叱るわけではありません。子どもがより良くなるようにと思って叱ります。その根底にあるのは、子どもを愛する気持ちです。それがあるからこそ、躊躇なく子どもを叱ることができるのです。

社員のしつけも、社員に対する愛情をベースとして成り立ちます。興味深いことに、自分の中でしつけの理念が明確になって、それに得心が行くと、社員への愛情が強まり社員に対する思いが深まるようです。

しつけの考えに整理がついて、言いたいことがストレートに言えるようになった後に、「社員がほんとうにかわいくなった」「社員をとても大事に思えるようになった」と話す社長夫人が何人もいます。

社員への愛情があってこその厳しい「しつけ」です。その前提がなければ、返ってくるのは反発だけです。

――事件・事故は隠さずオープンにする

すべての社員を同じようにしつけるには、情報開示が鍵になります。

たとえば、ある社員が決められたルールをうっかり忘れたために、取引先からクレームが出たとします。その社員を呼びつけて注意することは、ほとんどの会社でするでしょう。

しかし、これだけでは不十分です。個々の社員に注意するだけですませてしまっては、他の社員に伝わりません。問題の発生は、会社の考え方を社員に徹底するよいチャンスでもあります。むしろ、社員全員にオープンにするほうがよいのです。

「今回、こういうことがありました。ルールがあっても、ちょっとした気のゆるみで忘れることがあります。皆さんも注意してください。もっとよい方法があれば言ってください」

会議などで、このように話すのも一つの方法です。話し合いの中で、よりよい方策が出てくれば、さらに一歩前進することになります。

社員を解雇した場合などは、その経緯や理由を公にすることがためらわれます。社員が動揺するのではないか、社員から批判を受けるのではないかと心配になるからです。

けれども、隠してしまうほうがリスクは大きい。社員同士が陰でこそこそ話をする中で、実際とは異なるウワサが立ったり、疑心暗鬼を生んだりする恐れがあります。場合によっては、ある思惑を持ってデマを流す社員がいるかもしれません。

社員が辞めたことは周知の事実なのですから、中途半端に隠さず、「こういうことがありました。会社としては、これでは困るので辞めてもらいました」などと本当のことをきちんと伝えることです。会社の立場や考え方を社員に伝え理解してもらうのです。一時しのぎで隠すより今後に活きる点でよい対処法と言えるでしょう。

こうした情報開示を続けていくことで、会社は風通しのよい組織に変わります。経営陣と社員との間、あるいは社員同士で必要なことをお互いがきちんと伝えあい、話しあえる――。「しつけ」を通じて、そのようなオープンな組織風土をつくることができればすばらしいことです。

社員の家族への配慮も忘れない

社員との信頼関係づくりを進めながら、同時に社員の家族への配慮もして欲しいと思います。社長は、社員の家族に目配りを効かせることが苦手ですし、その余裕もありません。ここは社長夫人の独壇場です。

社員の家族の誕生日にプレゼントをする、家族を食事に招く、社員の仕事ぶりを手紙で家族に知らせるなどといった気遣いを発揮しましょう。

家族の進級、進学、卒業、入学、結婚など、お祝いをする機会はたくさんあります。大げさなことをしなくても、「おめでとうございます」というメッセージを送るだけでも気持ちは伝わります。

家族に心配りのある会社ということをわかってもらえば、会社に対する信頼感や会社をバックアップする気持ちを持ってもらえると思います。

「嫌われ役は私が買います」——そのくらいの覚悟がないときちんとできません。

石本淳子さん（63歳）
株式会社石本商店　取締役社長
［メガネ小売業］

基礎データ

福岡県北九州市を中心に８店舗を展開。夫の正宏氏（現・会長）の父親がメガネや時計などを扱う個人店舗として1937年に創業。その後、正宏氏が継いだときにメガネ専門店に衣替え。淳子さんは専務として会社を支えてきたが、10年前に社長を引き継いだ。従業員は30名。

バブルがはじけたあとも会社は順調でしたが、なんとなく「このままではダメになる。何かを変えなくては」と感じていたときに、矢野先生に出会いました。

先生の言葉は、私の中にびしびしと入ってきて、たくさんヒントをいただいています。他の社長夫人の皆さんとの交流もできて、刺激されたり励まされたりすることもありがたいですね。この3年間で、うちの会社は相当いい方向に変わったと実感しています。

いろいろな課題の中で、私が最も重要だと思っているのは人材づくり、特に後継者づくりです。そのために勉強会を充実させました。

わかったつもりでいて、きちんとできていないことがけっこうあります。私が、「わかっているだろう」と思ってまかせてしまうことも多い。そういうことは止めて、私も含めて皆で一緒に、もう一度、まじめに「一」から勉強しましょう、ということですね。

挨拶の仕方、お客様への応対の仕方、電話の受け答えなど毎日のように勉強会をしています。メガネの技術の勉強会もしょっちゅうやっていますし、通信教育も受けさせている。今の時代はパソコンの勉強も必要です。「これから会社をどうするか」という話し合いもしています。勉強することはいくらでもあります。

これだけ徹底すると、社員にとってはつらいかもわかりません。とまどうこともあるでしょう。中には辞めていく人もいます。それでも続けていくつもりです。「嫌われ役は私が買う」そんな覚悟はできています。そのくらいのつもりでやらないと、きちんとできませんから。

もちろん、厳しいだけでは人はついてきません。残って一生懸命やってくれる人にはそれなりの報酬を出しています。

取り組みの成果は、数字にはっきり出ています。年商こそ上がっていませんが、社員一人当たりの生産性が上がっています。特に新入社員の生産性は、この3年で倍になりました。おかげで、会社としては非常にラクになりました。借金も相当返せました。

店舗開設についても、新規出店のときの借入金を3年で返済できるような資金計画が立てられるようになりました。駐車場付きの郊外店を増やすという目標も必ずクリアしていけると考えています。

女性の目線で行なう
人の評価は

——社員の努力やプロセスに目を向ける

一般に、社長は目線が高いので、「自分にできて当然のことは社員もできて当然」と考えます。「なぜ、こんなこともできないのか」という気持ちで社員に接します。

一方、社長夫人は目線が低いのがふつうです。社長にとってできて当たり前のことでも、社員ができないこともある。できないなら教えて、できるようにしよう。そう考えるのが社長夫人です。

「結果重視」であることも社長の特徴です。テストなら点数だけを見る。業績は最終的な数字だけを見る。どんなに努力しても100点をとらなければ、結果が出なければ評価しません。

社長夫人は、結果より努力やプロセスに目を向けます。たとえ30点であっても、「よく頑張ったね」「あれだけやったのに惜しかったね」と見る。そして、「次は40点を目指そう。その次は60点とろう」と励まします。一度にできなければ、少しずつステップアップすればいい。社員に寄り添って応援するのが社長夫人です。

この違い、社長を父親、社長夫人を母親になぞらえれば納得がいくと思います。男性と女性の違いと言っていいかもしれません。

社長と社長夫人のどちらがよくて、どちらが悪いという話ではありません。役割が違うだけです。社長は社長の目線で、社長夫人は社長夫人の目線で社員を評価する。両者が違うからいいのです。

社長夫人は、社長と同じ目線になってはいけません。社長が二人もいては、社員は逃げ場を失います。追いつめるだけでは、人間は成長しません。

――どんな小さいことでもいいから社員をほめる

ある社長夫人の印象的な言葉を覚えています。

「私は、ちょっとでも主人（社長）にほめられると、とてもうれしい。頑張ろうという気になる。だから、私も、いつも社員をほめようと思っている」――。

ほめることとは、心理学で言うストロークの一つです。ストロークとは、人に対する働きかけのことで、具体的には体に触れる、抱きしめる、挨拶するなどといったことです。人の存在や価値を認める意味を持ちます。

ほめることは肯定的ストロークで、それをしてもらった人は、「自分の価値を認められている」「自分は大事にされている」という喜びを感じ、心が豊かになります。やる気を高め人を成長させるストロークです。

叱ることもストロークの一つですが、否定的なストロークなので、叱られるといやな気持ちになり、やる気や自信を失います。

ときには叱ることも必要ですが、ほめる回数が多いほど叱る効果があります。ふだんほめていると信頼関係ができるので、気まずさを感じないで叱ることができます。相手も、「いつもほめられているのに叱られたのは、それだけ理由があるからだ」と納得します。

どんな小さなことでもいいから、社員をほめましょう。「いいことをしたな」「頑張っているな」と感じたら、それをほめます。

目に見えるような成果をあげた社員をほめるのは当然として、目立たずコツコツ努力している社員、人の嫌がることを進んでしている社員、ミスなく仕事を続けている社員などもほめる対象です。

――相手の良さを感じ、言葉に出してほめる

「社員をほめてください」と話すと、「うちの社員は皆、半人前だから、ほめるところなどない」と反論する社長がいます。社長夫人は、そうであってはいけません。半人前でも「半人前なりにできていること」をほめます。ものは考えようです。「決断力がない」は「慎重な性格」と言えるし、「仕事が遅い」は「ていねいに仕事をする」ととらえることができます。

ほめるには、社員のよさを感じることです。そして、それを言葉や態度で伝える。

私がある時、師と仰ぐ人と食事をして店を出たときのことです。その方が空を見上げて、「矢野さん、お月様がきれいですね」と言われた。その瞬間、私は「なんとキザな言葉だ」と思いましたが、よくよく考えてみて、すごく大事なことを教えていただいたと気づきました。

一つは、感受性、ものの感じ方の大切さです。きれいなものをきれいと感じなければ感動はありません。社長夫人の皆さんも、感じることを大切にしてください。「相手の良いところを見よう」「いい面を感じよう」と意識して社員に接してください。社員の良いところを敏感に感じ発見する訓練をするのです。

もう一つは、感じたことを人に伝えることの大切さです。いくら「月がきれいだ」と感じても、言葉にしなければ人には伝わりません。感動していることが相手にわかりません。ほめたいところを見つけたら、それを伝えてください。すなおに言葉に出してほめてください。

ほめ言葉をかければ、社員は、「社長夫人は、自分を見てくれている」「ちゃんと評価してくれる人なんだ」とわかります。そういうことの積み重ねで、信頼ができていくのです。

私は、「お月様がきれいですね」のひと言はコミュニケーションの原点だと考えています。

人をほめることは、人を輝かすことでもあります。ある健康食品の会社の社長が、次のように話しています。

「縁あってうちの会社に入った人は、私を通し、潜在能力を引き出し、輝かし、そして私を超えさせ、送り出す。これが社長夫人の役目だと思います。自分が輝くのではなく、周りを輝かせることが大切です」

社長夫人の人材育成の根本を表す名言だと思います。

社長夫人は社員の模範になろう

――見られている怖さに気づき、自分の言動を律する

「部下は三日で上司を知る」という言葉をご存じですか。部下は、それだけしっかり上司を見ているのです。人の上に立つ人間は、絶えず、下の人から見られていることを意識すべきです。同時に、人に見られることの怖さも感じてください。

私たちは、人を見て、その人の考え方や性格や生き方を知ろうとします。実際、かなりな程度、知ることができます。その気になってみれば、本人が隠そうとしていることさえ見えてしまいます。

立場を逆にしたらどうでしょうか。自分が人をそのように見るということは、人から自分がそのように見られるということです。どういう生き方をしているか、どんなことを考えているか。社員たちは、社長や社長夫人を見ています。社長や社長夫人の心の内を見抜こうとしてい

ます。人の目をごまかすことはできません。見られることは怖いことなのです。

そう思えば、うかつな言動はできないはずです。社員から尊敬されるよう、自分の言動を律し、社員に模範を示してください。

女性社員のよき理解者として成長をサポートする

社員の中には女性がいます。同性という点で、男性社員に比べて、より近しい存在です。同じ土俵にいるもの同士としての関係づくりが考えられます。

会社に敏腕そうな人材を幹部社員として迎え入れたとき、社長夫人の皆さんはどう感じるでしょうか。心強く思う、ライバル心をかき立てられるなど、人によってさまざまでしょう。

ある会社で常務を務めていた社長夫人は、銀行出身者が入ることを知って、

「自分はもう必要ないのではないか。身を引いて主婦業に専念したほうがいいのでないか」

と思ったと言います。ある人に相談すると、手厳しい言葉が返ってきました。

「これからは女性の時代と言われています。あなたの会社も女性を大勢採用している。彼女たちを育てるのが、女性としての社長夫人の使命ではないですか」

この言葉で、社長夫人は退社を思いとどまり、女性スタッフの育成に取り組もうと決意したそうです。自分自身が女性社員の目標になるように仕事をすると同時に、女性スタッフの育成

に努めて、一人ひとりが強い責任感を持ち、互いに協力し合って高いレベルで仕事をこなすグループにまで成長させました。

女性の時代とはいうものの、現実には、結婚、出産、主婦業など、女性は仕事をするうえでハンディを抱えています。そういう制約の中で、仕事への意思を強く持つ女性、仕事を続けている女性はたくさんいます。仕事を通じて「社会に役立ちたい」「社会の中で成長したい」という強い思いがあるのです。

社長夫人は、働く女性の大変さも知っていますし、女性特有の仕事観も共通しているはずです。社長夫人は、女性社員のよき理解者、共感者として、女性社員の成長をサポートできる立場にあります。ぜひ、その立場を活かして、女性の時代への進展に貢献して欲しいと思います。

この本の最後に、高名な教育者である森信三先生の、次の言葉を紹介したいと思います。

「教育とは、流水に文字を書くような果てしない業である。だが、それを巌壁に刻むような真剣さで取り組まねばならない」

「教育」を「人材育成」に置き換えて考えてください。流れる水に文字を書いてもすぐに消えてしまいます。書いても書いても、そのたびに水が文字を流してしまいます。それでも、それを繰り返し、繰り返し行なう。それが人材育成という仕事です。長い年月がかかるのは当然のこととして取り組む覚悟と理念が必要です。

■矢野　千寿（やの　ちず）
1942年山口県下関市生まれ。67年家業の福岡支店を開設し、14年間経営に参画。81年夫の闘病生活を支えるため第一線から引き、出版社の経理として転職。赤字体質企業を財務面から改善し、短期間で優良企業に。86年夫と死別。87年会計事務所に入社し、顧問先を経営指導。97年コンサルティング会社㈱アローフィールドを設立し、代表取締役に就任。
現在、"日本初!社長夫人育成コンサルタント"として、テレビ・ラジオ・雑誌・セミナーなどで活躍中。特に『社長夫人革新講座』を通じ、多くの社長夫人の戦力化に成功。社長からも喜ばれている。

連絡先　（株）アローフィールド
TEL 092−512−2697　FAX 092−553−3306
ホームページ　http://www.ganbare-fujin.com

これからの社長夫人は
会社経営のプロになれ!

2005年7月10日　初版発行
2014年11月10日　第4刷発行

■著　者　矢野 千寿
■発行者　川口　渉
■発行所　株式会社アーク出版
〒162-0843　東京都新宿区市谷田町2-23　第2三幸ビル
TEL.03-5261-4081　FAX.03-5206-1273
ホームページ http://www.ark-gr.co.jp/shuppan/
■印刷・製本所　新灯印刷株式会社

ISBN978-4-86059-034-5

アーク出版の本　好評発売中

「歩く!」仕事術

ウォーキングは脳内ホルモンの分泌を促し、脳を活性化させる。だから気分転換やストレス解消のためでなく、もっと生産的なことに活用しよう。歩きながら企画を考え、英語をマスターし、部下を育てる、会議だってできる…。画期的な“生産的ウォーキング”のすすめ。

二木紘三著／四六判並製　定価　1,365円（税込）

最強の名古屋商法

“元気な名古屋”を発信地とする話題のメールマガジンが遂に単行本化。「ナルホドそうか」の堅実経営、「そこまでやるか」の営業センス…。地味といわれながらガッポリ稼ぐこれぞ名古屋商法の真髄を大公開！　金儲けはユダヤ人やスイス人より名古屋人に学べ！

007名古屋商法著／四六判並製　定価　1,470円（税込）

「40字要約」で仕事はどんどんうまくいく

仕事は核心をつけばうまくいく――。日々の業務連絡から、取引先との交渉、会議での意見発表や突然のトラブル解決まで、どんなことでも要点をつかむことが何より大事。「40字要約」で何が、どう変わるのか、実際の文章や談話を使った練習問題を交えて解説する。

原田虔一郎著／四六判並製　定価　1,470円（税込）

定価変更の場合はご了承ください。